9788478088676

AF129883

CORRINE KENNER

El Tarot de los Magos

Editorial
SIRIO

4ª edición: enero 2024

Título original: Wizards Tarot Handbook
Traducido del inglés por Antonio Gómez Molero
Diseño de portada: Kevin R. Brown
Ilustración de portada: John J. Blumen

© de la edición original
 2011 Corrine Kenner

© de las ilustraciones
 John J. Blumen

© de la presente edición
 EDITORIAL SIRIO, S.A.
 C/ Rosa de los Vientos, 64
 Pol. Ind. El Viso
 29006-Málaga
 España

www.editorialsirio.com
sirio@editorialsirio.com

Impreso en China

Puedes seguirnos en Facebook, Twitter, YouTube e Instagram.

Cualquier forma de reproducción, distribución, comunicación pública o transformación de esta obra solo puede ser realizada con la autorización de sus titulares, salvo excepción prevista por la ley. Diríjase a CEDRO (Centro Español de Derechos Reprográficos, www.cedro.org) si necesita fotocopiar o escanear algún fragmento de esta obra.

Introducción

Bienvenido a la Academia Mandrágora, donde tú eres el estudiante y el tarot es el maestro. Siéntate, saca las cartas de su envoltorio, y descubrirás un mundo enteramente nuevo de magia y misterio.

La Academia Mandrágora

La Academia Mandrágora es una vieja escuela, oculta entre los bosques ondulados de una llanura. Aquí donde las cuatro estaciones se suceden con delicadeza y rotundidad a lo largo de su ciclo, modernos profesores forman a una nueva generación en las antiquísimas artes de la brujería y la magia.

Quizá descubras al examinarla que el terreno te resulta familiar. La razón es que tanto ella como los trabajos que realizarás a lo largo del curso se basan en la imaginería y en la estructura del tarot tradicional.

La baraja del Tarot de los Magos cuenta con setenta y ocho cartas, divididas en dos secciones: los arcanos mayores y los arcanos menores. Estos últimos tienen cuatro palos (bastos, copas, espadas y pentáculos), y se componen de cartas numeradas y de cartas de la corte.

Estudiantes, facultad y personal

Con las cartas de los arcanos mayores conocerás a tus profesores. Entra en sus aulas, y aprenderás la magia básica en veintiuna lecciones.

Con las de los arcanos menores, que representan a jóvenes magos practicando en las clases y en su tiempo libre, conocerás a otros estudiantes.

Los cuatro palos simbolizan cuatro escuelas de magia (fuego, agua, aire y tierra); en esta guía encontrarás sus descripciones e instrucciones correspondientes.

En la Academia Mandrágora todos tienen un animal que los acompaña, pero no son las únicas criaturas que encontrarás en este territorio. En las cartas de la corte tendrás tus primeros encuentros cara a cara con sus seres elementales guardianes: salamandras (fuego), ninfas (agua), sílfides (aire) y gnomos (tierra). Una advertencia, sin embargo: las criaturas elementales son impredecibles, y no debes invocarlas temerariamente.

Calendario académico

El curso en la Academia Mandrágora se basa en la medida tradicional del tiempo para los iniciados en la magia: un año y un día. No hay una fecha oficial de comienzo, de manera que puedes inscribirte cuando quieras. Se te considerará matriculado la primera vez que barajes las cartas.

Material de estudio

Aquí encontrarás todo lo que necesites para empezar en este juego. Las cartas son tus herramientas, y esta guía te muestra cómo usarlas. Cuando estés listo para comenzar tus estudios mágicos, simplemente pasa la página.

Los Arcanos Mayores

0 - La Iniciada

En un retirado bosquecillo cercano a la Academia Mandrágora, una nueva estudiante se prepara para dedicarse a un año de estudio de las artes mágicas. Lleva sus provisiones en una bolsa de piel, y la acompaña su fiel compañero, un conejo blanco. La joven es la viva imagen de la pureza y la inocencia, y está a punto de producirse un cambio trascendental en su vida.

Símbolos clave

- ⋄ La Iniciada, la primera carta de la baraja del Tarot de los Magos, representa a todos los recién llegados al arte del tarot y el mundo de la magia.
- ⋄ Al igual que la mayoría de los jóvenes, no se le ha puesto a prueba y aún conserva su inocencia. Quiere cambiar su inexperiencia por sabiduría, pero no es consciente de lo que entraña este compromiso.
- ⋄ Viste una túnica blanca con capucha, un signo de su pureza e inocencia.
- ⋄ Además está descalza, para permanecer enraizada y conectada a la tierra.
- ⋄ Se encuentra junto a una hoguera, en un claro del bosque. El fuego flota sobre la tierra, lo que quiere decir que las llamas son una manifestación de voluntad y deseo, y no simplemente un fenómeno físico.
- ⋄ El humo se eleva en el aire, el elemento asociado con la carta de La Iniciada.
- ⋄ Las doce piedras y el guijarro del círculo simbolizan el año y un día que la joven se compromete a dedicar al estudio de la magia.
- ⋄ Su bolso resplandece con una luz ultraterrena, un signo de los misterios que contiene.
- ⋄ Se trata de un bolso resistente, fabricado con una piel de calidad superior. Todavía no muestra muchos signos de desgaste.

- Su hebilla y la solapa de la parte delantera parecen formar el glifo de Urano, el planeta que se corresponde con la carta.
- En el bolso hay una baraja del Tarot de los Magos que contiene los cuatro accesorios básicos para la magia: una vara, una copa, una espada y un pentáculo.
- Al fondo, la luna creciente simboliza un nuevo comienzo. Está a punto de volverse llena, lo que significa que la joven está experimentando un momento de crecimiento.
- La cara de la luna es la cara de la Diosa: presencia acogedora y fuerza creativa.
- Diez manzanas maduras cuelgan de las ramas en la parte superior de La Iniciada. Simbolizan las diez esferas del Árbol Cabalístico de la Vida, la fruta prohibida del conocimiento y la exploración, así como la salud y el bienestar.
- A lo lejos se ve la Academia Mandrágora. Su imagen parece sugerir que hay un poder superior que vela por ella, y que la orientación y la ayuda están cerca.
- Las nubes del fondo representan el velo entre el mundo físico y el territorio espiritual.
- Como La Iniciada es la primera carta de la baraja del tarot, se corresponde con la primera letra del alfabeto hebraico, *aleph*. Puedes ver esta letra en el peñasco, en el fuego y en la forma del cuerpo del conejo. Significa «buey», un animal que representa la fuerza y el liderazgo.
- El fiel compañero de La Iniciada, un «tierno conejito», es una referencia humorística a una bruja principiante. También recuerda al conejo que sacan los magos de la

chistera. Podría sugerir un *púka*, el espíritu animal de la clásica película *Harvey*, o el voluble conejo blanco de *Alicia en el País de las Maravillas*.
✧ En general puede decirse que los conejos simbolizan la fertilidad y la creatividad.

Magia práctica

La Iniciada es tu puerta de entrada al mundo mágico de la Academia Mandrágora. Para entrar en la carta, usa una visualización básica.

Empieza por estudiarla cuidadosamente. Mientras contemplas su imagen, visualízala cada vez más grande, hasta que la veas delante de ti como una puerta abierta. Respira profundamente y luego imagínate que entras en la carta y llegas al recinto de la Academia Mandrágora.

Cuando te veas en la carta, mira a tu alrededor. Puede que te encuentres con La Iniciada, o quizá descubras que estás ocupando su lugar. No tengas miedo de explorar. Para ello utiliza todos tus sentidos. Pasa el tiempo que desees en esta carta para que puedas experimentar de primera mano todos sus detalles.

Cuando estés listo para regresar a tu mundo ordinario, sal por donde entraste. Reduce la carta a su tamaño original y vuelve a colocarla en el mazo.

La tirada mágica y misteriosa de La Iniciada

Aunque puedes usar esta tirada con tres cartas elegidas al azar, en principio fue concebida para emplear específicamente las tres primeras cartas de la baraja del Tarot de los Magos. Colócalas boca arriba, con La Iniciada en el centro, El Mago a la izquierda y La Gran Sacerdotisa a la derecha.

ARCANOS MAYORES

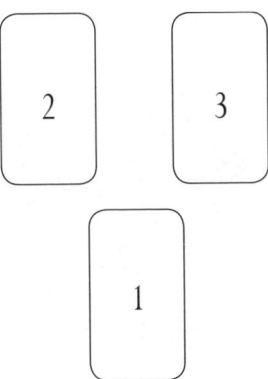

1. **La Iniciada.** Esta carta te describe en el momento presente. Usa tu intuición para concentrarte en un símbolo que para ti tenga un significado especial. Piensa en él y averigua por qué significa tanto para ti. Durante la semana siguiente, permanece atento a ejemplos o recordatorios de ese símbolo en la vida real.
2. **El Mago.** Representa un don, un talento o un «truco de magia» que ya dominas. Mientras te embarcas en un nuevo periplo de magia y exploración, tómate un tiempo para notar y apreciar las habilidades que ya posees.
3. **La Gran Sacerdotisa.** Este paso desarrollará tus aptitudes como oráculo. Observa en silencio la carta hasta que puedas «escuchar» (o sentir) a La Gran Sacerdotisa susurrándote un mensaje secreto al oído. Quizá uno de los simbolismos de la carta represente ese mensaje, pero no siempre es así. Solo recuerda que cuando lees cartas de tarot, estás canalizando a La Gran Sacerdotisa y dándole forma a la voz queda del misterio.

I - El Mago
PROFESOR DE MAGIA BÁSICA

El primer instructor que conocerás en la Academia Mandrágora es el profesor de magia básica. Tiene tendencia a proyectar una enorme cantidad de energía a sus alumnos, por lo que será mejor que te sientes en el fondo de la clase hasta que empieces a entender sus técnicas de enseñanza.

Símbolos clave

- ✧ El Mago es un maestro del mundo físico, capaz de transformar energía en materia, y de alterar a voluntad el tiempo y el espacio.
- ✧ Antes de realizar cualquier hechizo, alza como un pararrayos su varita y la usa para canalizar energía cósmica en un círculo mágico. Su clase es redonda para poder contener esos círculos.
- ✧ Los puntos cardinales de su círculo mágico (norte, sur, este y oeste) están marcados por las rosas rojas de la pasión y las lilas blancas de la pureza y la inocencia.
- ✧ La posición de los brazos de El Mago (uno arriba y otro abajo) encarna la antigua máxima, «Como arriba, así es abajo». Es la creencia de que la vida en la Tierra refleja principios e ideales superiores.
- ✧ Mientras actúa, permanece en el interior de un círculo formado por cuatro poderosas herramientas mágicas —una vara, una copa, una espada y un pentáculo—, las mismas que aparecen en los cuatro palos de los arcanos menores del tarot.
- ✧ El hecho de que estén flotando en el aire sugiere que El Mago posee un control absoluto sobre sus herramientas y sus talentos.
- ✧ Las dos velas blancas lo ayudarán a mantener su equilibrio y su concentración. Representan la naturaleza dual de la creación: acción y reacción.
- ✧ La figura de ocho sobre su cabeza es una lemniscata, el símbolo del infinito.

El Tarot de los Magos

- En el medallón de El Mago figura un Ouroboros, una serpiente mítica que se muerde su propia cola. El Ouroboros simboliza la eternidad.
- El anillo de sello que lleva en la mano es rojo y brilla con energía acumulada. Lo usa para almacenar energía cósmica que empleará en un futuro; esa es una de las razones por las que sus manos son más rápidas que tus ojos.
- En las paredes del aula hay grabados símbolos sagrados. A la izquierda puedes ver la letra hebrea *beth*, que significa «casa». Una casa puede ser un hogar, un segmento de una carta zodiacal circular en forma de cuña o un espacio sagrado delimitado.
- El Mago se suele asociar al dios romano Mercurio, conocido en Grecia como Hermes. Mercurio era el mensajero de los dioses. Llevaba botas aladas y un casco con alas, y era el dios de la velocidad, la comunicación, los vendedores, los oradores, los charlatanes y los ladrones.
- A la derecha puedes ver el símbolo de Mercurio, el signo astrológico y el planeta asociados con la carta de El Mago.
- Asimismo puedes ver, a través de la ventana, el planeta Mercurio, que comparte algunos atributos con el dios del mismo nombre, en particular la velocidad y la comunicación. Mercurio es el más pequeño de los planetas, y el que se mueve más rápido, con una órbita de solo ochenta y ocho días. Es una de las luces más brillantes del cielo al alba y al anochecer, y presagia sueños.
- También hay grabados de los doce signos del Zodiaco en la pared. Los visibles, de izquierda a derecha, son Cáncer, Leo, Virgo (que está parcialmente oscurecido por la túnica de El Mago), Capricornio y Acuario.

⋄ El pájaro posado en su hombro no es un ave negra corriente: se trata de un estornino de cola larga, y es a la vez mensajero y acompañante. Los estorninos de cola larga pueden emitir varios sonidos, lo que encaja a la perfección con la faceta de comunicador de El Mago.

Magia práctica

Todas las herramientas que te harán falta para practicar la magia en la Academia Mandrágora aparecen representadas en la baraja de cartas del Tarot de los Magos. No obstante quizá desees crear tus propias versiones de algunas de ellas. Empieza con una varita mágica. Investiga las propiedades de los árboles, y encuentra una rama de un árbol que tenga algún significado para ti. Los robles, por ejemplo, son masculinos, resistentes y asertivos. Los sauces y los abedules son femeninos, y sirven como excelentes conductores para la energía psíquica. Talla, pinta o embellece como quieras tu varita mágica.

Antes de empezar cualquier trabajo mágico, como la adivinación, crea un círculo de espacio sagrado a tu alrededor. Esto tiene dos objetivos. Por un lado, te ayudará a contener y concentrar tu magia hasta que sea lo bastante fuerte para expresarla en el mundo exterior. Por otro, te servirá como un escudo psíquico para mantener al mínimo las interrupciones y distracciones.

Para crear un círculo mágico, usa tu varita para limpiar el aire a tu alrededor, y luego canaliza energía cósmica por el extremo de la vara, como si hicieras una burbuja. Mantén la energía fluyendo hasta que estés rodeado por una esfera de luz blanca y pura. Cuando tu trabajo mágico haya terminado, puedes pinchar la burbuja para dispersar la energía, o devolverla a tu varita.

La tirada arriba y abajo de El Mago

Usa esta tirada para explorar las cuatro áreas de tu vida representadas por los arcanos menores. La fila de arriba describe tus ideales espirituales, emocionales, intelectuales y físicos: aquello a lo que aspiras. La de abajo, tus realidades. Los cuatro ases de la fila intermedia, cada uno vinculado a su elemento, te recordarán qué área de tu vida estás examinando.

II - La Gran Sacerdotisa
PROFESORA DE ADIVINACIÓN

La profesora de adivinación imparte sus clases en una torre que da al este, para saludar a la luna naciente. Antes de entrar en su aula, respira hondo y prepárate para verte cara a cara con los secretos ocultos de tu existencia.

Símbolos clave

- La Gran Sacerdotisa es la encarnación del misterio. Tiene el don de la profecía, como el antiguo oráculo y las Sibilas. Es una excelente maestra y guía del mundo de la iluminación espiritual.
- Se asocia con la luna, símbolo de la intuición, la orientación y la naturaleza cíclica de la vida. La luna, que refleja la luz del sol, a un nivel espiritual y filosófico simboliza la reflexión.
- La influencia de nuestro satélite se puede ver en toda la carta, empezando por sus colores dominantes: la plata y el púrpura para una luna enmarcada en un cielo índigo.
- La Gran Sacerdotisa lee las cartas a la luz del faro de la luna llena. En la cabeza lleva una cinta de lunas crecientes, llenas y menguantes, así como de perlas brillantes en forma de luna.
- Una mariposa luna, atraída a la trémula luz de la vela blanca que reposa sobre la mesa, representa la irresistible atracción lunar. El aura alrededor de la llama de la vela también se asemeja a una luna.
- El acompañante de La Gran Sacerdotisa, un gato negro típico de las brujas, va tras la mariposa como una sombra va tras la luz. Del collar del gato pende un amuleto en forma de luna triple.
- Las cortinas de la ventana representan el velo entre este mundo y el otro. La Gran Sacerdotisa periódicamente aparta ese velo para ver otros mundos.
- Las cortinas nos recuerdan los pilares gemelos de la compasión y la severidad, la luz y la oscuridad, el espíritu y la materia, la destrucción y la creación. Son dos sombras de oscuridad y luz, que también refuerzan el

tema de la polaridad y la dualidad, y están cubiertas con imágenes de palmeras y granadas, símbolos de la fertilidad masculina y femenina.
- ❖ El color violeta del mantel simboliza las facultades paranormales.
- ❖ La Gran Sacerdotisa dispone sus cartas en forma de cruz de mandrágora, variación de la clásica cruz celta.
- ❖ Tiene su diario de tarot cerca, lista para anotar sus ideas e impresiones.
- ❖ La letra hebrea *gimel*, que significa «camello», pende como un amuleto del respaldo de la silla. Simboliza el poder de llevar una carga por el desierto de una tierra a otra. Como oráculo, La Gran Sacerdotisa también viaja por vastas extensiones: de este mundo al otro.
- ❖ La Gran Sacerdotisa domina varias formas de adivinación, entre ellas mirar en las bolas de cristal y ver los reflejos de la luz de luna. La mano de quiromancia es un recordatorio de que aunque la adivinación puede darnos una visión del futuro, el destino está en nuestras propias manos.

Magia práctica

En la Academia Mandrágora, los estudiantes no adquieren una formación exhaustiva sobre la teoría del tarot. En lugar de eso, aprenden el antiguo arte de la adivinación practicándolo, con el mínimo adiestramiento previo. Es más fácil de lo que podría parecer, sobre todo si tienes como guía a La Gran Sacerdotisa.

- Antes de empezar cualquier lectura de tarot, limpia tu mente, respira profundamente varias veces y céntrate en la pregunta o asunto que te ocupe.
- Podrías trabajar dentro de un círculo de espacio sagrado, como se hace en cualquier otra práctica mágica.
- Baraja las cartas y repártelas, una a una, comenzando por arriba.
- Coloca las cartas bocabajo en una tirada.
- Dales la vuelta, una a una, como si pasaras las páginas de un libro.
- Di el nombre de cada carta en voz alta, y luego describe la imagen tan detalladamente como te sea posible.
- Conforme vas haciendo la tirada, presta atención a los símbolos que parezcan resaltar del resto, así como a los temas y motivos recurrentes que se vayan repitiendo. Describe su importancia. Trata de conectarlos a gente y circunstancias reales de tu vida cotidiana. Atrévete a hacer conjeturas siempre que tengan cierto fundamento.
- Cuando hayas terminado, mira la tirada una última vez y resume el significado de cada carta.
- A continuación, anota la lectura en tu diario de tarot. Asegúrate de incluir la fecha, la hora y el lugar de la lectura.
- Puedes combinar tu diario de tarot con un libro de sombras, un grimorio escrito a mano de hechizos, rituales, encantamientos, invocaciones, correspondencias, elixires, fórmulas alquímicas y trabajos mágicos.

La tirada de la cruz de mandrágora de La Gran Sacerdotisa

1. La Gran Sacerdotisa. Esta carta te representa a ti. Cada vez que leas cartas de tarot, encarnarás al misterioso espíritu de La Gran Sacerdotisa.
2. La magia del momento. Indica tu situación en el momento de la lectura.
3. Corrientes mágicas. Representa la energía que gira a tu alrededor, junto con las fuerzas exteriores que puedan afectar a tu situación.

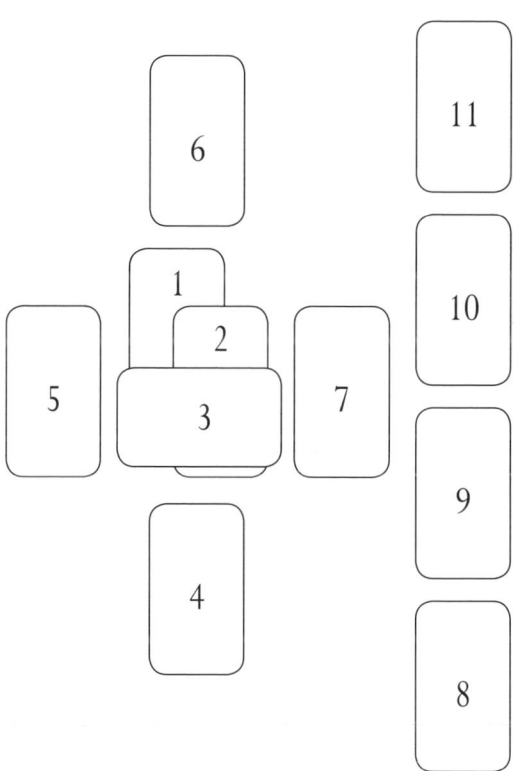

4. Poderes mágicos. Muestra tus talentos, capacidades y experiencia mágicos.
5. Momentos pasados. Es un indicativo de los últimos seis meses a un año.
6. Luz guía. Representa tu yo superior, la conciencia universal, y el mejor desenlace posible para tu situación actual.
7. Momentos por venir. Es una señal de los próximos seis meses a un año.
8. Espejo mágico. Una muestra de cómo te ves a ti mismo.
9. La academia. Así es como te ven los demás.
10. Luz de luna y sombra. Representa tus esperanzas y tus miedos.
11. Profecía. Te indica el resultado más probable de tu senda actual.

III - La Emperatriz
PROFESORA DE LA MAGIA DE LAS HIERBAS

La Emperatriz enseña la magia de las hierbas en su vivero iluminado por el sol, donde el espíritu de la naturaleza participa plenamente en la magia de la creación.

Símbolos clave

- La Emperatriz es una madre arquetípica que nutre y protege a todas sus criaturas. Perpetuamente embarazada, es la encarnación de la fertilidad y la creatividad.
- Su vivero tiene altísimas paredes de cristal con arcos, y está repleto de parterres, macetas, maceteros y herramientas de jardinería.
- El embarazo de La Emperatriz es un recordatorio visible de que algunos proyectos creativos tardan meses en desarrollarse. Van tomando forma gradualmente, e incluso después de nacer, hay que nutrirlos y protegerlos hasta que puedan mantenerse en pie por sí mismos.
- La Emperatriz viste de verde, el color de la naturaleza y el crecimiento, mientras que sus joyas de oro son una señal de riqueza y abundancia.
- Está sentada en un trono mullido. A ella, como a su planeta regidor, Venus, le gusta disfrutar del confort y el lujo.
- Su postura y su posición pueden recordarte el dicho: «La mano que mece la cuna es la mano que gobierna el mundo».
- Está coronada con doce estrellas, una por cada mes del año y que representan los signos del Zodiaco.
- La Emperatriz lleva en la mano derecha una mano de almirez y en la izquierda un mortero. Juntos, los dos utensilios simbolizan la unión entre lo femenino y lo masculino.
- El mortero presenta el grabado astrológico de Venus, el planeta del amor y la atracción, y también la diosa griega del amor y el idilio.

- Este utensilio también simboliza a una matriz mítica, en concreto al caldero de la vida y la inmortalidad usado por la diosa céltica Cerridwen.
- Cuando La Emperatriz maja hierbas en su mortero para que desprendan su poder, también emite en el aire un arcoíris de hojas, pétalos de flores y chispeantes aromas.
- Las tres hadas que revolotean alrededor son trasgos, espíritus de la naturaleza que la ayudan en su trabajo. Son criaturas elementales del aire que mezclan las corrientes del pasado, el presente y el futuro.
- Las cinco mariposas son símbolos de transformación, además de representar los cuatro elementos, unidos por el espíritu.
- En una vidriera puede verse la letra hebrea *daleth*, que significa «puerta» o «entrada». La Emperatriz, como todas las madres, representa una entrada física a la nueva vida.
- En otra vidriera aparece un globo terráqueo. La Emperatriz, después de todo, es la personificación de la Madre Tierra.
- La fuente de la vida fuera de la ventana es un símbolo de la potencia masculina que complementa la fertilidad de La Emperatriz.
- Está rodeada de plantas en flor y hierbas. Viéndolas en la dirección de las manecillas del reloj desde la derecha, son:

  › Angélica. Es la planta de flores blancas en forma de apio, justo a la izquierda de La Emperatriz.
  › Equinácea, conocida por sus flores rosadas, que se usa comúnmente para estimular el sistema inmunitario y evitar los resfriados.

- Manzanilla, que presenta flores blancas con centros amarillos, y es un ingrediente popular de las infusiones relajantes.
- El trigo, que crece en la esquina y sugiere la conexión de La Emperatriz con Perséfone, la antigua diosa romana de la cosecha. Perséfone fue también una diosa madre, que volvió estéril a la tierra cuando desapareció su hija.
- Menta, la pequeña porción verde tras el trigo, una hierba fragante que acompaña a una gran variedad de platos. También tiene muchos usos medicinales.
- Valeriana, el parche de blanco tras el trigo, con propiedades sedantes.
- Cardo bendito, la planta con flores rosadas cubierta de púas, un tónico amargo y una ayuda digestiva.
- Lavanda, con sus reconocibles flores púrpura tras el trono de La Emperatriz, una hierba calmante y aromática que se cultiva principalmente por su fragancia.

Magia práctica

Mientras permaneces en este lugar, puedes visitar el vivero de La Emperatriz siempre que lo desees para imbuirte de su energía creativa. Si quieres llevarte a tu casa algo de esa magia, empieza por formar en tu cocina un pequeño huerto de hierbas con propiedades mágicas. Elige albahaca para el amor, cilantro y coriandro para el valor, eneldo para la protección, mejorana y menta para la prosperidad, orégano para la tranquilidad, perejil para la purificación, romero para la memoria, salvia para la sabiduría y tomillo para las facultades paranormales.

Puedes preparar un sencillo elixir de cristal para ayudar a su crecimiento, o incluso añadir una gota o dos al agua que bebes para lograr un incremento cósmico de creatividad.

- Empieza con un trozo de cristal de cuarzo claro. Límpialo en profundidad con lavavajillas y agua caliente, y enjuágalo bien.
- Pon el cristal en el fondo de una jarra limpia de cristal.
- Llena la jarra de agua purificada, mineral o destilada, y cubre la parte superior con una tapadera limpia, un envoltorio de plástico o un trozo de tela limpia.
- Si quieres bendecir el elixir con un deseo específico, como armonía, equilibrio o salud, escribe la palabra en la jarra o pégale una etiqueta de tu propia creación.
- Para obtener mejores resultados, prepara el elixir cuando haya luna llena. Una luna llena en un signo de tierra —Tauro, Virgo o Capricornio—, ayudará a las plantas a echar raíces; en un signo de agua —Cáncer, Escorpio o Piscis—, les ayudará a florecer, y un signo de fuego —Aries, Leo, o Sagitario— conducirá a una cosecha abundante.
- Pon la jarra fuera, por ejemplo en el alféizar de una ventana, donde pueda absorber la luz de la luna llena durante la noche.
- El elixir te servirá durante mucho tiempo. No tienes que usarlo puro. Simplemente añade una gota o dos al agua con la que riegas o rocías las plantas.
- No guardes el elixir indefinidamente. En lugar de eso, úsalo con regularidad y prepara uno nuevo cada luna llena.

La tirada del jardín de La Emperatriz

1. La carta de la simiente representa la promesa y la posibilidad de una nueva creación.
2. La carta del sol simboliza la energía que tendrás que emplear para ayudar a que la simiente germine, eche raíces y florezca.
3. La carta de la flor encarna tu recompensa por plantar y nutrir la simiente.

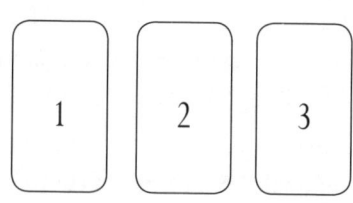

IV - El Emperador
director de la Academia Mandrágora

El Emperador, como director, es la autoridad principal en lo relacionado con los estudiantes, el personal y los asuntos académicos.

Símbolos clave

- ⬥ El director es uno de los personajes más poderosos de la Academia Mandrágora. Impone su autoridad sobre una gran cantidad de magos, brujas y estudiantes. Incluso ejerce cierta influencia sobre las criaturas elementales que protegen la escuela, y que son notoriamente rebeldes.
- ⬥ Simbólicamente, El Emperador representa el orden y el control. Es un gobernante ambicioso, un líder incansable y un visionario carismático. Es voluntarioso y tenaz, seguro de sí mismo, valiente y fuerte. Rige por medio de la lógica, la razón y la voluntad.
- ⬥ Los emperadores no suelen gobernar un solo reino. Más bien controlan un imperio, un grupo de naciones, territorios o reinos. En la Academia Mandrágora, hay cuatro escuelas de magia: fuego, agua, aire y tierra. El Emperador es el responsable de administrar las cuatro.
- ⬥ El cuatro, número de la carta de El Emperador, simboliza estructura y cimientos, porque las habitaciones tienen cuatro paredes y los edificios, cuatro esquinas.
- ⬥ No es ninguna sorpresa, por tanto, que todo lo concerniente a El Emperador, que nos mira de frente, sea cuadrado, como la forma de su cabeza y sus hombros.
- ⬥ El escritorio está tallado en un sólido bloque de mármol. Es la esencia de la estructura y la estabilidad, prácticamente tan inamovible como El Emperador mismo. Su forma también sugiere el Cubo del Espacio, la forma metafórica del universo.
- ⬥ La parte frontal del escritorio está grabada con imágenes en relieve de famosos magos y brujas de la historia.

- No es ninguna coincidencia que el mismo director tenga aspecto de mago arquetípico. Su larga barba blanca es un signo de su sabiduría y experiencia.
- Viste un manto de vivos colores hasta el suelo, pero debajo lleva una túnica sencilla y botas resistentes, lo que significa que está preparado, dispuesto a actuar ante cualquier crisis y responder cualquier llamada a la acción.
- En lugar del tradicional sombrero puntiagudo del mago, el suyo es un casco con astas de carnero, signo de su naturaleza Aries. Como primer signo del Zodiaco, los Aries son líderes naturales. El Emperador encarna su personalidad: valiente, osado, dominante y seguro de sí mismo.
- Además, lleva un anillo mágico de sello en el que está grabado el signo astrológico de Aries.
- Mientras La Emperatriz tiene sus dominios en un jardín fértil y exuberante, El Emperador gobierna en un territorio mucho más espartano. Es eficiencia pura.
- La cortina tras él es roja, el fiero color del planeta regidor de Aries, Marte.
- El cortinaje está sujeto con una agarradera. Lleva inscrita la letra hebrea *tzaddi*, que significa «anzuelo de pesca».
- El Emperador sujeta una vara en forma de cetro con una mano. Está coronada con un águila, el emblema de los antiguos emperadores romanos.
- Sostiene una bola de cristal en la otra mano, signo de su visión de futuro.
- Hay un viejo mapa del mundo desplegado sobre su escritorio, como un modelo a escala de sus dominios.

⋄ A través de la ventana, las luces del norte brillan y destellan, revelando la forma de una ciudad misteriosa y remota. Simbólicamente la imagen sugiere que el peso del mundo descansa sobre los hombros de El Emperador.

Magia práctica

El reino cristalino es un mundo que todas las brujas y magos deberían explorar durante su formación mágica. En el tiempo que estés en la Academia Mandrágora, deberás reunir cristales y trabajar con ellos, empezando con un conjunto de ocho piedras mágicas:

1. La cornalina, tradicionalmente sagrada para Isis, la diosa egipcia que revivió a su marido muerto, Osiris. Por esa razón esta ágata ha acabado simbolizando a todas las esposas y compañeras fieles. Se asocia también estrechamente con la buena salud.
2. El jaspe se presenta en un arcoíris de colores y diseños, pero por lo general es rojo, marrón y naranja. Sus diversas formas suelen denominarse por sus características más distintivas; por ejemplo, el jaspe de piel de leopardo es una piedra moteada.
3. El citrino debe su nombre a la palabra francesa *citron*, que significa «limón». La mayor parte del citrino que podemos encontrar hoy día en el mercado es amatista o cuarzo ahumado tratados térmicamente, pero su color amarillo le proporciona las mismas propiedades que un citrino genuino. Como todos los cristales amarillos, el citrino está asociado con el brillo y el optimismo del sol. Y como todas las piedras de color dorado, se vincula con la riqueza y el éxito financiero.

4. La malaquita, con sus bandas características de verde claro y oscuro, a veces denominada la piedra del vendedor, porque se dice que puede ayudar a los compradores a conseguir gangas y a los vendedores a cerrar una venta. Históricamente los antiguos egipcios molían la malaquita para hacer sombra de ojos, y se usó como protección contra la magia negra durante la Edad Media.
5. La sodalita, también conocida como piedra del estudiante, una piedra de azul oscuro moteada de blanco que ayuda a centrarse, a concentrarse, a mejorar la memoria y las aptitudes para el estudio, y a organizarse. Algunos la colocan cerca de los aparatos tecnológicos, como el ordenador o el televisor, para que absorban las radiaciones que emiten.
6. Las amatistas, piedras regias de color violeta. Las usan a menudo los clarividentes ya que su energía balsámica estimula la intuición. Históricamente la amatista era también la piedra de la sobriedad para la antigua Roma, debido a que se pensaba que prevenía la ebriedad. Incluso ahora algunos creen que puede ayudar a quienes luchan contra el alcoholismo, las conductas compulsivas y todo tipo de adicciones.
7. El cuarzo claro, uno de los minerales más comunes de la Tierra. También es uno de los cristales más versátiles que existen. Puedes usarlo para cualquier propósito metafísico, como la meditación, la adivinación, el trabajo con los sueños o la sanación. En la antigüedad se creía que las rocas de cristal eran en realidad una forma de hielo: la palabra *crystallos* significa «helado». Los griegos pensaban que se trataba del hielo de la eternidad. E

incluso los científicos modernos, que generalmente se refieren al cuarzo como dióxido de silicio, están impresionados con sus propiedades físicas y químicas: este mineral puede almacenar, enviar y recibir energía, tanto física como metafísicamente. El cuarzo es una piedra versátil y de usos múltiples.
8. La obsidiana, un cristal volcánico negro y rico. Mucha gente cree que es la piedra que más nos conecta con la tierra. También se usa para predecir el futuro, como una ventana oscura que permite ver el alma. Puedes elegir entre la obsidiana común negra, la que presenta manchas blancas en forma de copo de nieve, o las legendarias lágrimas de apache.

La tirada de los cuatro cuadrados de El Emperador

Esta tirada te ayudará a administrar tu propio imperio personal permitiéndote comprender las cuatro esferas de tu existencia y aconsejándote sobre ellas.

1. Saca la carta de El Emperador de la baraja y colócala sobre la mesa boca arriba para no extraviarla.
2. Baraja bien el resto de las cartas. Extiéndelas en forma de abanico frente a ti y saca dieciséis cartas al azar.
3. Aparta el resto de la baraja. No volverás a usarla para esta tirada.
4. Añade El Emperador a las dieciséis cartas que acabas de sacar. Barájalas hasta que esté bien mezclado con el resto.

5. Reparte las diecisiete cartas en el orden mostrado en el diagrama. Terminarás con cuatro cuadrados de cuatro cartas cada uno, y una en el medio.
6. Cada grupo de cuatro cartas describirá un área distinta de tu vida: espiritual, emocional (relaciones), intelectual (educación) o material (carrera).

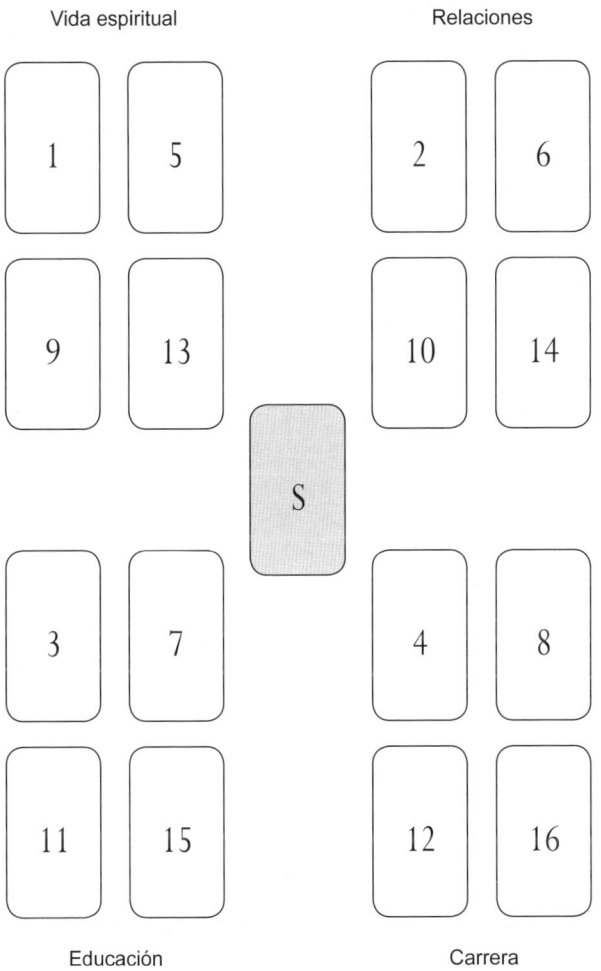

7. El Emperador aparecerá en uno de los cuatro grupos. Esa es la esfera a la que deberás prestarle atención inmediatamente. Las otras tres cartas del grupo te explicarán por qué.
8. El Significador, en el centro de la tirada, te mostrará la mejor manera de manejar la situación.

V - El Hierofante
PROFESOR DE MITOLOGÍA

Durante una lectura de tarot, unos conocimientos de mitología pueden servirte de mucho. El profesor de mitología de la Academia Mandrágora no solo enseña esa materia, sino que es parte de ella. Su nombre es Chiron.

Símbolos clave

- Chiron lleva siglos enseñando, desde los primeros días de la antigua Grecia. Ha formado y aleccionado a generaciones de héroes y dioses, entre ellos al legendario Hércules.
- Chiron era (y es) un ser inmortal. Sin embargo, cuando Hércules accidentalmente lo hirió con una flecha envenenada, su inmortalidad le condenó a sufrir sin fin. Mientras buscaba alivio a las heridas que lo habían dejado lisiado, acumuló una vasta cantidad de conocimientos médicos. Compartió su sabiduría con otros, lo que le llevó a alcanzar una legendaria reputación como sanador herido.
- En la antigua Grecia, los hierofantes eran sacerdotes que guiaban a sus seguidores a través de los sagrados ritos de los Misterios Eleusinos. Cada año, se realizaba una representación del rapto de la diosa Perséfone por parte de Hades, dios del inframundo, y su regreso. El ritual simbolizaba el ciclo anual de la muerte y el renacimiento, así como la inmortalidad del alma. Podía incluso garantizar la admisión del participante en la vida ultraterrena de los Campos Eleusinos. Hoy el papel del hierofante sigue presente en todo maestro espiritual y guía que enseñe a sus seguidores por medio de rituales y tradiciones.
- La palabra «hierofante» comparte el mismo origen que «jerarquía», una organización con varios niveles de autoridad y un sacerdote como autoridad principal en asuntos de fe. El hierofante tiene el poder de hablar en nombre de los dioses, de explicar las enseñanzas de sabiduría divina, y de servir como un puente entre este mundo y el otro.

- Tradicionalmente la carta de El Hierofante simboliza enseñanza, tradición, inspiración y revelación.
- Chiron es un centauro, una mezcla mágica de hombre y caballo, lo que asocia a esta carta con Tauro. Aunque normalmente a Tauro se lo representa con un toro, también está ligado a otros grandes animales terrenales, como los caballos.
- El aula de Chiron es uno de los espacios interiores más extensos de la Academia Mandrágora. Para que, en su calidad de hombre caballo, tenga el suficiente espacio, enseña en una especie de establo, con puertas abatibles. Lejos de ser tosca o rústica, sin embargo, el aula de Chiron es sublime e imponente, como el interior de una iglesia.
- Tres llaves simbólicas cuelgan de su cinturón. La primera es el símbolo de Chiron, ⚷ que parece una vieja llave.
- La segunda es la letra hebrea *vav*, que significa «clavo». Se trata de un símbolo pequeño pero importante. Los clavos son las conexiones que mantienen la cohesión de los edificios y las estructuras. Conectan los muros con sus cimientos, las placas a una plataforma y los tablones a un marco.
- La tercera es el grabado del signo astrológico de Tauro. Los nacidos bajo el signo de Tauro, el Toro, son generalmente terrenales, mundanos, centrados, prácticos y conservadores. Y así es El Hierofante.
- Chiron está acompañado por un par de palomas blancas, que viven en las vigas de su aula. Las palomas representan el espíritu y la inspiración.
- Las puertas abatibles tras Chiron representan los dos pilares de sabiduría que subyacen bajo los sistemas de

pensamiento más tradicionales. La dualidad simboliza la luz y la oscuridad, lo bueno y lo malo, la compasión y la severidad. El hecho de que las puertas se abran en dos direcciones sugiere que los mensajes pueden ir y venir del mundo de los espíritus. Chiron está situado entre los dos mundos como un guardián de la entrada.

✧ Hay una ventana tras la puerta. Mira a través de ella y verás Centauro, la constelación que fue llamada así en honor de Chiron.

Magia práctica

Cuando estudias bajo la tutela de El Hierofante, tendrás que repasar tus conocimientos de mitología griega y romana. Consulta la tabla que aparece más adelante.

La tirada de la herradura de la suerte de El Hierofante

Cambia tu suerte con la tirada en forma de herradura.

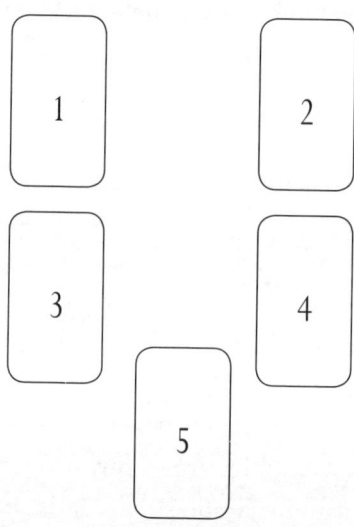

1. Factores a tu favor.
2. Fuerzas que actúan en tu contra.
3. Consejo para sacar el mayor partido posible de los factores a tu favor.
4. Consejo para superar las fuerzas que actúan contra ti.
5. El punto clave que podría hacer que la situación se inclinara en una u otra dirección.

EL PANTEÓN GRIEGO Y ROMANO			
Nombre griego	**Nombre romano**	**Cartas asociadas del Tarot de los Magos**	**Descripción**
Afrodita	Venus	Los Amantes	Diosa del amor y la belleza, nacida de la sangre de Urano (los cielos) y la espuma del mar
Apolo	Apolo	El Sol	Dios de la luz, el sol, la verdad, la profecía, la sanación, la adivinación y las artes; hijo de Zeus y Leto, el cisne; hermano gemelo de Artemisa
Ares	Marte	La Torre	Dios de la guerra, hijo de Zeus y Hera (Júpiter y Juno)
Artemisa	Diana	La Luna	Diosa virgen de la naturaleza, la caza y la luna nueva; guardiana del parto; hermana gemela de Apolo
Atenea	Minerva	La Justicia, El Juicio	Diosa guerrera de la sabiduría y la justicia; hija de Zeus
Baco	Dionisio	El Alquimista	Dios del vino y la fertilidad
Chiron		El Hierofante	Un centauro; conocido como el sanador herido y el maestro de los dioses

EL PANTEÓN GRIEGO Y ROMANO			
NOMBRE GRIEGO	**NOMBRE ROMANO**	**CARTAS ASOCIADAS DEL TAROT DE LOS MAGOS**	**DESCRIPCIÓN**
Circe	Kirke	El Alquimista, El Mundo, La Fuerza	Diosa de las brujas, dama de las pociones y los hechizos; hija de Helios y de la Oceánide Perseis; transformaba a sus enemigos en animales
Cronos	Saturno	La Transfiguración	El titán padre de los dioses y diosas del Olimpo; marido de Rhea; como el Padre Tiempo, devoró a su propios hijos Deméter, Hades, Hera, Hestia y Poseidón. Rhea lo engañó para que perdonara a Zeus, que liberó a sus hermanos y hermanas
Deméter	Ceres	La Emperatriz	Diosa de la fertilidad y la cosecha; su luto por su hija perdida, Perséfone, hizo que la tierra se volviera estéril la tercera parte del año
Eros	Cupido	Los Amantes	Dios del amor y la pasión
Gaia	Tellus	La Emperatriz, El Mundo	Madre Tierra
Hades	Plutón	El Señor Oscuro	Dios del inframundo y gobernador de los muertos; hijo de Cronos y Rhea
Hécate	Trivia	El Carro, La Luna	Reina de la noche y diosa de la luna oscura; patrona de la magia y los encantamientos; guardiana de las encrucijadas y los pasajes del nacimiento y la muerte; hija de los titanes
Hera	Juno	La Emperatriz	Diosa del matrimonio y el parto; esposa de Zeus; hija de Cronos y Rhea
Heracles	Hércules	La Fuerza	El héroe por excelencia, un dios afamado por su fuerza invencible y sus bien conocidos doce trabajos; hijo de Zeus y de Alcmena

ARCANOS MAYORES

EL PANTEÓN GRIEGO Y ROMANO			
Nombre Griego	**Nombre Romano**	**Cartas asociadas del Tarot de los Magos**	**Descripción**
Hermes	Mercurio	El Mago	Mensajero de los dioses, hijo de Zeus y de la ninfa Maia; padre de Pan
Perséfone/Kore	Proserpina	La Estrella	La diosa doncella, raptada por Hades, que se convirtió en reina del inframundo; hija de Deméter
Moiras	Parcas	La Rueda de la Fortuna	Las tres diosas del destino que tejen la hebra de la vida; hijas de Zeus y Themis
Poseidón	Neptuno	El Colgado	Dios del mar; hijo de Cronos y Rhea
Rhea	Cibeles	La Emperatriz	Diosa del cielo; esposa de Cronos, madre de los dioses del Olimpo Deméter, Hades, Hera, Hestia, Poseidón y Zeus
Selena	Luna	La Luna	Diosa de la luna llena
Themis	Justitia	La Justicia, El Juicio	Diosa de la ley; un titán femenino; su unión con Zeus engendró las estaciones y las Moiras (o hados)
Tyche	Fortuna	La Rueda de la Fortuna	Diosa del destino y la suerte
Zeus	Júpiter	El Emperador	Rey de los dioses y gobernador del monte Olimpos, hijo de Urano y Gaia

VI - Los amantes
LA PROFESORA DE HECHICERÍA

Hace siglos, cuando la mayoría de la gente era iletrada, los que sabían leer y escribir eran realmente poderosos. Tenían el poder de crear hechizos, literalmente. Con unos cuantos trazos de pluma podían encantar los pensamientos fugaces salidos de la nada y darles existencia física.

Hoy día escribir es un don que la mayoría damos por hecho, pero la profesora de hechizos te ayudará a reivindicar el mágico poder de la palabra escrita.

Símbolos clave

- La profesora de hechizos aparece en su aula pendiente de dos estudiantes que están practicando el arte de crear hechizos a mano. El sencillo acto de escribir les ayudará a clarificar sus pensamientos, centrar su intención y dirigir su energía hacia un objetivo específico.
- La profesora personifica el encanto y la belleza lírica de la palabra escrita. Es bella y no tiene edad, como Afrodita, la diosa del amor.
- La carta de Los Amantes puede simbolizar el amor, el idilio y el matrimonio. Al fin y al cabo, una gran parte de los hechizos se destinan a atraer una nueva pareja, a renovar la pasión o a reconciliarse con el amor perdido.
- Aunque la aparición de esta pareja podría inspirar a cualquier romántico desesperado, esta carta también puede indicar el acto de elegir entre impulsos y deseos contradictorios. Los jóvenes amantes de la imagen representan los principios gemelos de acción y reacción, yin y yang, dar y recibir.
- Como los contrarios se atraen, también los dos estudiantes ofrecen un ejemplo de contraste: la chica representa lo femenino y el chico, lo masculino; ella es zurda, mientras que él es diestro; la muchacha es morena, lo que simboliza la tendencia de las chicas a madurar más rápidamente en cuestiones de amor y pensar con más

profundidad en las relaciones, y el chico, por el contrario, es pálido y melancólico.
- Los estudiantes están escribiendo con plumas antiguas. La carta de Los Amantes se asocia con el aire, y las plumas son un símbolo de este elemento.
- El aula está llena de libros. Hay veintidós apilados en el suelo, uno por cada carta de los arcanos mayores.
- El escritorio tiene cuatro paneles, uno por cada palo de los arcanos menores.
- La profesora sostiene una manzana, la fruta prohibida que simboliza la sabiduría.
- La arrancó del Árbol del Conocimiento del Bien y del Mal, que podemos ver en el lado derecho de la carta.
- Una serpiente va zigzagueando por las ramas; puedes ver su cabeza cerca del brazo izquierdo de la profesora. Podría simbolizar el susurro de la tentación. También podría representar el flujo de la energía *kundalini*.
- El Árbol Cabalístico de la Vida está a la izquierda, aún dando todos sus frutos, diez manzanas, una por cada estadio místico de la creación.
- Hay dos símbolos pintados en la pared tras la profesora. Uno es el grabado del signo astrológico Géminis. Los nacidos cuando el sol está en Géminis son los grandes comunicadores del Zodiaco.
- El otro símbolo es la letra hebrea *zain*, que significa «espada». En el tarot, estas armas simbolizan la comunicación y el intelecto, pero se suele decir que la pluma es más poderosa que la espada.

Magia práctica

Unas cuantas directrices básicas te ayudarán a sacar el mayor partido de tus hechizos:

- ❖ Clarifica tu intención antes de empezar a poner por escrito tus metas y objetivos.
- ❖ Puedes añadir un mayor poder a tus hechizos escribiéndolos en rima.
- ❖ Si quieres potenciarlos con velas, cristales y objetos simbólicos, reúne con tiempo los que vayas a necesitar.
- ❖ Crea un círculo de espacio sagrado para contener y concentrar tus esfuerzos mágicos.
- ❖ Cuando hagas magia, visualiza el resultado satisfactorio de lo que te propongas, e imagínate a ti mismo disfrutando de él.
- ❖ Sé específico en los objetivos que esperas alcanzar, pero mantente abierto con respecto a los medios que te llevarán a conseguirlos. No intentes controlar todo el proceso para alcanzar tu destino. En lugar de eso, deja espacio a cualquier posibilidad. Traza con claridad tus metas y objetivos pero deja que el universo se encargue de los detalles.
- ❖ Tu trabajo acaba cuando terminas de hacer el hechizo. Suéltalo para que comience su trabajo, y sé paciente. No destruyas hablando sobre ello las energías que has puesto en acción; eso hará que vuelvan otra vez a ti.

La tirada de las relaciones de Los Amantes

Lee esta tirada en el sentido de las manecillas del reloj. Las cartas de los dos extremos (1 y 2) representan a dos personas en una relación, y el resto, la conexión y la comunicación entre ellas. Las cartas 3, 4 y 5 revelarán el pasado, el presente y el futuro de la relación, mientras que la 8, la 7 y la 6 indicarán cuestiones fundamentales que afectan a ese pasado, presente y futuro.

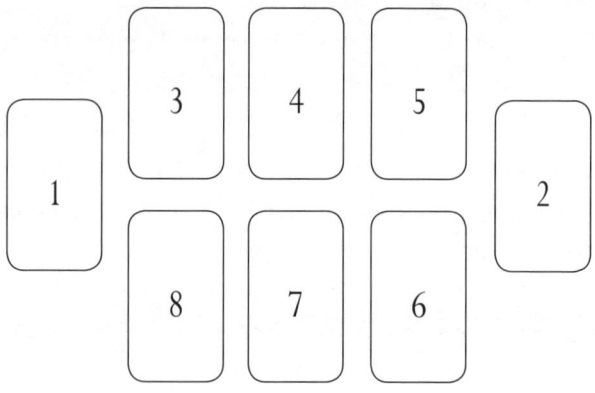

VII - El Carro
LA PROFESORA DE VIAJES ASTRALES

La profesora de la Academia Mandrágora de viajes astrales te ayudará a escapar de la atracción de la gravedad, y te guiará a través de los misterios del espacio y del tiempo. No pierdas esta carta: es tu billete al plano astral.

Símbolos clave

- La profesora practica su arte por la noche, cuando casi todos los viajeros astrales están dormidos o al borde del sueño.
- Tiene una apariencia bella, esbelta y en forma, pero su pelo sobrenaturalmente blanco revela que es mucho mayor de lo que parece. Es descendiente directa de Hécate, la antigua diosa de la luna oscura.
- Hace mucho tiempo, Hécate guiaba a los viajeros en las encrucijadas hasta lugares de misterio. Hoy, la profesora de viajes astrales puede conducirte también a través de la oscuridad.
- Vuela sobre las encrucijadas del tiempo y el espacio, en las pirámides de Egipto. Los monumentos milenarios simbolizan el largo viaje entre este mundo y el otro.
- La Esfinge que guarda a las pirámides es una mezcla de cuatro criaturas (toro, león, águila y hombre) que simbolizan los cuatro signos fijos del Zodiaco.
- La profesora monta en la típica escoba de bruja y viste un sombrero puntiagudo. No le da miedo reivindicar la palabra «bruja» o los antiguos utensilios y tradiciones de la brujería. El sombrero es un cono de poder y la escoba, una vara mágica que puede barrer lo mundano y llevar a quienes montan en ella a viajes disparatados de fantasía e imaginación creativa.
- Aunque a veces a las brujas montadas en escobas se las representa con gatos encaramados tras ellas, el acompañante de esta profesora es un podenco faraónico, un espíritu animal que vuela tras ella en la noche.
- Su sombrero tiene una guirnalda de estrellas alrededor del ala, y su capa está hecha del tejido mismo de la

noche. Sus ropas de viaje la hacen invisible a quienes se encuentran en tierra.
- En la banda de su sombrero brillan tenuemente los símbolos del signo astrológico de Cáncer. Las cerdas de la escoba barren también las estrellas de la constelación de Cáncer, el símbolo del hogar y de la vida familiar, aunque la proyección astral hace posible ver el mundo sin abandonar el hogar.
- La luna nueva plateada que se ve en el cielo está empezando a emerger de su fase más oscura. Esto simboliza nuevos comienzos y nuevas aventuras.
- Tras la profesora hay un racimo de estrellas con la forma de la letra hebrea *cheth*, que significa «cerca». Una cerca puede marcar una linde, pero no es capaz de contener al alma humana.

Magia práctica

El viaje astral es un ejercicio meditativo, lo mismo que los sueños lúcidos. Cuando te sumerges en uno puedes abandonar tu cuerpo y viajar por el plano astral, un nivel espiritual de realidad repleto de pensamientos e imaginería mental.

El viaje astral se consigue especialmente por medio de la visualización creativa. La técnica es sencilla:

- Prepara una poción de viaje hecha con una infusión de hierbas para ayudarte a relajarte antes de emprenderlo.
- Túmbate en la cama.
- Respira profundamente e imagínate a ti mismo flotando a no demasiada altura por encima tu cuerpo físico, tan cómodo como si estuvieras descansando sobre una colchoneta en una piscina.

El Tarot de los Magos

- ✧ A continuación visualízate elevándote a través del techo y encaminándote a cualquier destino que elijas. Podrías verte viajando por el aire, o bien transportado instantáneamente al lugar elegido.
- ✧ Cuando estés preparado para volver, imagínate regresando a tu habitación, todavía flotando a unos cuantos metros por encima de la cama, y déjate caer suavemente en tu cuerpo.

La tirada del viaje en el tiempo de El Carro

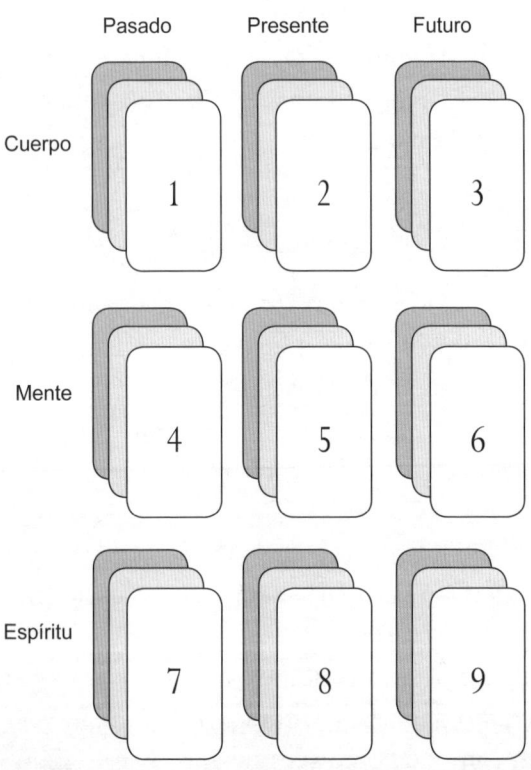

ARCANOS MAYORES

Esta tirada utiliza el mágico poder del número tres. Cuando la leas en vertical y en horizontal, podrás obtener una amplia visión general de tu senda vital.

Baraja y reparte tres cartas en cada posición. No tienes que mirarlas todas, ya que probablemente la de arriba te revelará la información que necesitas. Sin embargo, si quieres esclarecerla, puedes consultar las cartas que hay debajo.

VIII - La Fuerza
PROFESORA DE CRIATURAS ACOMPAÑANTES

La profesora de criaturas acompañantes te ayudará a enseñarle a tu perro a ir a por una pelota, un palo... o una raíz de mandrágora para una poción mágica.

ARCANOS MAYORES

Símbolos clave

- ❖ En la Academia Mandrágora todos tienen un animal compañero y asistente mágico: La Iniciada, un conejo blanco; El Mago, un estornino de cola larga; La Gran Sacerdotisa, un gato negro.
- ❖ La profesora de criaturas acompañantes está representada dándole de comer de la mano a su propio animal, un wyvern. Los wyverns son criaturas peligrosas con aspecto de dragón, alas, dos patas y una cola de serpiente. Aunque no es probable que muerda la mano que lo alimenta, cualquier contacto estrecho con la criatura conlleva un elemento de riesgo.
- ❖ La carta de La Fuerza representa el valor y el coraje. La profesora parece no tener miedo, pero no hay que confiarse. Ella sería la primera en decirte que teme y respeta el poder de todas las criaturas salvajes. Sin embargo, ha aprendido a mantener la compostura, incluso ante el peligro.
- ❖ Además ha aprendido que algunos animales se alimentan de miedo; por eso se niega a mostrar el más mínimo resquicio de vulnerabilidad. Al contrario, arranca la victoria de las fauces mismas de la derrota.
- ❖ Astrológicamente la carta de La Fuerza está vinculada a Leo. El wyvern, como todos los dragones que lanzan fuego, es una versión mítica del león.
- ❖ La fiera cabellera roja de la profesora, como la melena de un león, hace referencia a su conexión con Leo. Y lo mismo sucede con el corazón de rubí rojo engarzado en su blusa y con el enorme grabado del sol que hay tras ella. Leo gobierna el corazón, y está regido por el sol.

- El grabado de este signo del Zodiaco, en la esquina superior derecha de la carta, deja ver la conexión. El símbolo de Leo es una línea curvada que se asemeja a la cola o la melena del león.
- La cola del wyvern de alguna manera recuerda al símbolo de Leo. Está asociada también con la figura de la lemniscata situada sobre la cabeza de la profesora, en representación de lo infinito.
- El símbolo de la esquina izquierda superior de la carta es la letra hebraica *teth*, que significa «serpiente». El wyvern tiene escamas, cola y dientes de serpiente. La imaginería trae a la memoria al rey Lear de Shakespeare, cuando se quejaba: «Más agudo que los colmillos de una serpiente es el dolor de tener un hijo ingrato». Por suerte las criaturas acompañantes no son niños, lo que significa que podemos devolverlas a la naturaleza si empiezan a morder.

Magia práctica

Cada carta de los arcanos mayores del Tarot de los Magos cuenta con una criatura acompañante. Algunas representan a más de una. Examina estas cartas, haz una lista con las que veas en cada una, y escribe las características humanas y animales que asocies con ellas.

La tirada de las criaturas acompañantes de La Fuerza

Estas criaturas representan un aspecto primigenio de la naturaleza humana. El animal que elijas como tu acompañante (o el que te elija a ti) revelará mucho sobre tu personalidad.

La tirada hecha únicamente con arcanos mayores tiene el propósito de ayudarte a descubrir la criatura que te corresponde.

1. Extrae las cartas de los arcanos mayores de la baraja y mézclalas.
2. Empieza a repartir las cartas, boca arriba, en cuatro montones distintos, uno por cada elemento.
3. Sigue repartiéndolas hasta que llegues a una carta que represente a un animal en su propio elemento. Por ejemplo, el wyvern de La Fuerza es una criatura de fuego; deja de repartir cartas en el montón de ese elemento si aparece en él esta carta, al igual que si aparece un pez en el montón del agua, un pájaro en el del aire o un perro en el de tierra.
4. La criatura que coincide con su elemento es tu acompañante.

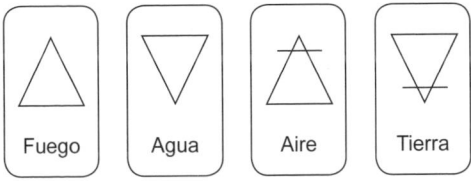

Esta tirada necesita cierto tiempo, pero el proceso de descubrir a una criatura acompañante no debería apresurarse. Si te quedas sin cartas antes de tener éxito, recógelas, vuelve a barajarlas y sigue repartiendo.

Cuando la hayas descubierto, dedica un tiempo a conocerla. Estudia su imagen y examina su papel en la carta.

Investiga sus características. Ponle un nombre o pídele que te lo revele durante una meditación. Más tarde puedes requerirle que te ayude con los hechizos, o a encontrar información para ti en el plano psíquico.

Recuerda que para trabajar con una de estas criaturas se requiere autocontrol. Para domesticar a un animal salvaje tendrás que domar primero tus propios instintos, impulsos y pasiones animales.

IX - El Ermitaño
BIBLIOTECARIO Y PROFESOR DE MAGIA DE LAS VELAS

El bibliotecario de la Academia Mandrágora suele moverse entre los archivos tan rápida y silenciosamente como un ratón. Es escurridizo, y puede que solo alcances a verlo de pasada antes de que desaparezca en un rincón secreto o en alguna sala de lectura escondida. De vez en cuando imparte una clase de magia con velas, pero tendrás que darte prisa si deseas apuntarte: a este profesor no le gustan las multitudes, por lo que la matrícula es extremadamente reducida.

Símbolos clave

- El bibliotecario es un hombre mayor, encorvado por la edad y envuelto en una pesada capa con capucha. Se mueve entre las sombras de los antiguos volúmenes a la luz de una vela fabricada a mano. Porta la luz de la sabiduría para que otros la sigan, pero no se desvía de su camino para llamar la atención.
- La carta de El Ermitaño suele representar la sabiduría, la prudencia y la iluminación, así como la filosofía, la introspección y la meditación. Representa asimismo el concepto de soledad y el poder del silencio.
- Su compañero inseparable es un ratón, un símbolo de vigilancia silenciosa, observación y atención al detalle.
- Uno de los libros que hay tras él está marcado con la letra hebrea *yod*, una figura sencilla con aspecto de llama. Significa «mano», y se refiere a la mano de Dios. Es también una forma que está incorporada en todas las demás letras del alfabeto hebraico.
- El bibliotecario lleva un libro grabado con el signo de Virgo, el símbolo del trabajo, el deber y el servicio. Los Virgo son grandes trabajadores, prácticos, ingeniosos, y organizados, pero a veces, en su esfuerzo por mantener el listón alto, se aíslan. En latín, *virgo* significa «soltero» o «dueño de sí».
- Los Virgo pueden ser críticos con los demás, aunque generalmente lo son más consigo mismos. También

son tremendamente serviciales. Cuando los buscas, se muestran más que dispuestos a compartir la sabiduría que han acumulado en sus viajes.

Magia práctica

Usa la magia de las velas para concentrar tu intención en la meta que te hayas propuesto. Empieza con una pequeña, que se consumirá en una sesión. Elígela blanca para la pureza, rosa para el amor y el afecto, roja para la pasión, naranja para la creatividad, amarilla para la claridad, verde para el éxito económico y azul para el conocimiento. Y si tu meta es reducir, eliminar o desterrar algo de tu vida, opta por una vela negra.

Usa un palillo de dientes para inscribir palabras o símbolos significativos en ella. Colócala en un lugar seguro, y rodéala con cartas de tarot que te recuerden tu objetivo.

Cuando enciendas la vela, proclama en voz alta tu objetivo. Conforme arde, visualízate alcanzando esa meta y disfrutando los resultados. Cuando se haya consumido, registra la sesión en tu libro de sombras.

Magia del color

- El rojo, el color del vino o la sangre, simboliza la pasión, el amor, el deseo y el sexo. El rojo es también el color de Aries, el signo del guerrero, y Marte, el planeta de la energía y la agresión. Puede representar peligro, ira y alarma.
- El rosa, un tono más suave de rojo, indica pasiones que se han enfriado. Las sombras de este color son relajantes y calmantes, y simbolizan la aceptación, la amistad, el perdón, el amor, el idilio, la paz y la armonía. El rosa

está asociado con Tauro, el signo del bienestar, y Venus, el planeta del idilio.

- El naranja tradicionalmente representa la creatividad y la vitalidad, el vigor, la salud física, el entusiasmo y la diversión. Está vinculado con Leo, el signo del actor y del sol.
- El amarillo, el color del sol, simboliza la energía, el pensamiento claro y la conciencia. Es también el color de Mercurio, el planeta de la velocidad y la comunicación, junto con Géminis, el signo de los gemelos. El amarillo representa el optimismo, el resplandor y el brillo, aunque puede a veces simbolizar la cobardía y la debilidad.
- El verde es el color de la naturaleza, el crecimiento, la sanación y la fertilidad. Simboliza la abundancia y la prosperidad. En los Estados Unidos, representa el dinero y el éxito financiero. El verde puede también simbolizar envidia, celos y codicia. Se asocia a Tauro y Libra, dos signos regidos por la fértil Venus.
- El azul, el color tranquilo del mar y el cielo, está vinculado con la meditación y la reflexión. Se corresponde con Júpiter, el planeta de la suerte y la expansión, y con Sagitario, el signo de la exploración.
- El índigo, como los cielos de medianoche, simboliza los misterios cósmicos. Perdido en sus oscuras profundidades, el color inspira contemplación, sabiduría, realización espiritual y sabiduría cósmica. Se asocia con Urano, el planeta del pensamiento revolucionario, y Acuario, el signo de los grupos y las causas sociales.
- El violeta, el color tradicional de la realeza, simboliza el liderazgo y la divinidad, así como el lujo, la riqueza y la sofisticación. Se asocia con Neptuno, el planeta de

la ilusión, y con Piscis, el signo del territorio subconsciente.

- El negro, el color de la noche, está ligado a la oscuridad y al sueño, cuando nuestra conciencia se desvanece y nuestros pensamientos y emociones inconscientes se manifiestan. El negro es misterioso, y puede ser elegante y autoritario. Es también el color del luto, la depresión, la oscuridad y la ansiedad, y puede simbolizar fuerzas oscuras y destructivas de la naturaleza. Este color se corresponde con Plutón, el planeta de la transformación, y con Escorpio, el signo de los misterios más grandes de la vida.
- El blanco, como las nubes, simboliza la inocencia, la espiritualidad pura, la intuición y las capacidades paranormales. También puede dar la impresión de ser estéril, frío, clínico y de ensuciarse con facilidad. A menudo se asocia con la Luna, la luz más brillante del cielo nocturno, y con Cáncer, signo que está regido por ella.
- El marrón, el color de la tierra sin vegetación, simboliza el potencial del terreno en barbecho. Puede representar la conexión con la tierra, la estabilidad y la utilidad, pero también la pobreza y la suciedad. Está asociado con Capricornio, el signo de los asuntos mundanos, y Saturno, el planeta de las fronteras, las limitaciones y las restricciones.

La tirada solitaria de El ermitaño

El Ermitaño es un hombre reflexivo e introvertido, y puede obtener más información de una sola carta que la mayoría de los tarotistas obtienen de diez o veinte cartas.

Cómo leer una sola carta

- ❖ Baraja las cartas a conciencia y extrae solo una. Ponla sobre la mesa, boca arriba.
- ❖ Empieza diciendo el nombre de la carta en voz alta. Por ejemplo: «Esta carta —puedes decir— es la Reina de Espadas».

```
┌─────────┐
│         │
│    1    │
│         │
└─────────┘
```

- ❖ Si la carta que estás leyendo es de los arcanos mayores, comenta lo que sabes sobre su arquetipo y las poderosas lecciones vitales que los arcanos mayores representan. Podría ser de ayuda exponer los relatos y los mitos asociados con cada carta.
- ❖ Si es de los arcanos menores, resume lo que sabes sobre el palo. Los bastos, por ejemplo, tienden a tratar de asuntos espirituales, mientras que las copas son emocionales, las espadas intelectuales y los pentáculos físicos.
- ❖ Mira el número asociado a cada carta. Podría indicar si el asunto que te preocupa se encuentra al principio, a la mitad o en el estadio final.
- ❖ Presta atención a los esquemas de colores de la carta. ¿Qué estados de ánimo representan esos colores? ¿En qué colores se hace énfasis? ¿Qué añaden al significado de la carta?

- ❖ A continuación, describe las figuras o personajes de la carta: su ropa, su postura, sus expresiones y sus actitudes. Imagina lo que dirían si los estuvieras escuchando hablar.
- ❖ Mira más allá de los personajes de la carta y describe el escenario que los rodea. Observa las imágenes y signos significativos de su entorno.
- ❖ Al estudiar la carta, tus ojos probablemente se sientan atraídos por una imagen o por un símbolo determinado, que podría recordarte una palabra, una frase o una expresión, o bien hacer surgir en tu mente una imagen o una escena visual, o provocarte una sensación de calor o frialdad, o una reacción emocional. De hecho, una carta podría activar cualquiera de tus sentidos: vista, oído, tacto, olfato e incluso gusto. Solo tienes que poner por escrito tu reacción. No te preocupes de hacerlo correctamente; limítate a describir todas las impresiones que sacaste de la carta.
- ❖ Una vez que empieces a hablar, no te autocensures. Déjate llevar y sigue expresándote, di todo lo que se te vaya ocurriendo. Quizá surjan en tu mente palabras y frases al azar. Repítelas en voz alta, aunque parezca que no tienen sentido. Eso sucede porque las cartas a veces se comunican a través de bromas y juegos de palabras. Podrías decir «sal», por ejemplo, como sustantivo, pero la persona a la que le estás leyendo percibirá «sal» como verbo, y el mensaje tendrá sentido. En cualquier caso, verbalizar tus impresiones te ayudará a evaluar cada carta, y puede que incluso te sorprendas a ti mismo con la exactitud de tu comprensión y tu intuición.

⋄ La lectura de tarot es un proceso colaborativo. Si te quedas estancado, especialmente si estás leyéndole a otra persona, pregúntale lo que las imágenes podrían significar y qué símbolos le parecen más importantes. No hay necesidad de fingir que eres clarividente, si no lo eres. Aunque tengas un sexto sentido especialmente desarrollado, preguntar la información básica es bastante más fácil que intentar intuir los hechos. Mientras miras las cartas con el consultante, puede que incluso descubras que tiene una idea acertada de lo que los símbolos e imágenes presagian en su vida.

X - La Rueda de la Fortuna
La orientadora

Aunque nadie es capaz de detener la rueda del tiempo, la orientadora de la Academia Mandrágora puede ayudarte a lidiar con los altibajos del destino.

Símbolos clave

- La Rueda de la Fortuna representa la rueca de la vida. Simboliza buena suerte, fortuna, prosperidad, abundancia y éxito, y también destino, sino, oportunidad y probabilidad. Asimismo, puede representar movimiento, evolución y los ciclos inevitables de la vida.
- En la Academia Mandrágora la orientadora tiene en su despacho, que recuerda a la cocina de una mujer sabia, un modelo a escala de la rueda cósmica de la fortuna.
- El despacho está encantado por fantasmas del pasado e imágenes espectrales del futuro. Esta es una forma gráfica de recordarnos que, a pesar del dolor de hacerse viejos, los verdaderamente afortunados son los que llegan a experimentar las tres fases de la vida. Las mujeres pueden ser doncella, madre y hechicera, mientras que los hombres pueden ser soldado, padre y sabio. Asimismo, nos recuerda que aunque nuestros cuerpos envejecen, nuestros espíritus no tienen edad, y siempre podemos sentirnos jóvenes por dentro.
- La imagen también rememora las viejas leyendas que describían las tres diosas femeninas (las Moiras o hados) que se encargaban de hacer girar la Rueda de la Vida.
- La Rueda de la Fortuna tiene ocho radios, lo mismo que la Rueda del Año solar.
- Cada radio puede representar un rito de iniciación, como la graduación, el primer trabajo, una mudanza, un matrimonio, un embarazo o un divorcio.
- En la mayoría de las lecturas de tarot, La Rueda de la Fortuna es un buen presagio, porque augura un cambio para mejor. La carta se asocia con Júpiter, el planeta de

la suerte y la expansión, cuyo símbolo está inscrito en el caldero.
- ✧ El caldero que hay sobre el fuego se asemeja al de Cerridwen, símbolo de renovación y renacimiento.
- ✧ Una de las piedras del hogar está grabada con la letra hebrea *kaph*, que significa «mano cerrada». Nadie puede saber qué cartas podrá revelarnos aún la mano del destino.
- ✧ En la esquina hay una araña tejiendo una red, una alusión a la red del destino.

Magia práctica

Cuando estás haciendo lecturas sobre el futuro, querrás saber cuándo se llevarán a cabo tus predicciones. Puedes empezar teniendo en cuenta las pistas que nos dan las imágenes. En el Tarot de los Magos, algunas cartas representan paisajes relacionados con las estaciones del año, que podrían indicar si un asunto se llevará a cabo en primavera, verano, otoño o invierno. Los números de las cartas también pueden ser reveladores. El Tres de Copas, por ejemplo, puede sugerir tres horas, tres días, tres semanas, tres meses o tres años, aunque también podría apuntar al miércoles, el tercer día de la semana, o a marzo, el tercer mes.

Si no quieres depender de tu intuición para descifrar el tiempo en las cartas de tarot, podrías probar con un enfoque astrológico más estructurado. Las cartas de los arcanos mayores presentan símbolos y referencias zodiacales. Las fechas correspondientes para cada signo aparecen listadas en la sección de la carta de La Estrella. Esta tabla muestra cómo se asignan las cartas de los arcanos menores a La Rueda del Año.

El Tarot de los Magos

CARTAS DE TAROT EN LA RUEDA DEL AÑO

Cartas de la Corte	Menores	Decanatos	Fechas aproximadas
Reina de Bastos	10 P	20-30° Piscis	11 marzo-20 marzo
	2 B	0-10° Aries	21 marzo-30 marzo
	3 B	10-20° Aries	31 marzo-10 abril
Rey de Pentáculos	4 B	20-30° Aries	11 abril-20 abril
	5 P	0-10° Tauro	21 abril-30 abril
	6 P	10-20° Tauro	1 mayo-10 mayo
Caballero de Espadas	7 P	20-30° Tauro	11 mayo-20 mayo
	8 E	0-10° Géminis	21 mayo-31 mayo
	9 E	10-20° Géminis	1 junio-10 junio
Reina de Espadas	10 E	20-30° Géminis	11 junio-20 junio
	2 C	0-10° Cáncer	21 junio-1 julio
	3 C	10-20° Cáncer	2 julio-11 julio
Rey de Bastos	4 C	20-30° Cáncer	12 julio-21 julio
	5 B	0-10° Leo	22 julio-1 agosto
	6 B	10-20° Leo	2 agosto-11 agosto
Caballero de Pentáculos	7 B	20-30° Leo	12 agosto-22 agosto
	8 P	0-10° Virgo	23 agosto-1 sept
	9 P	10-20° Virgo	2 sept-11 sept
Reina de Espadas	10 P	20-30° Virgo	12 sept-22sept
	2 E	0-10° Libra	23 sept-2 octu
	3 E	10-20° Libra	3 oct-12 oct
Rey de Copas	4 E	20-30° Libra	13 oct-22 oct
	5 C	0-10° Escorpio	23 oct-2 nov
	6 C	10-20° Escorpio	3 nov-12 nov

CARTAS DE TAROT EN LA RUEDA DEL AÑO

CARTAS DE LA CORTE	MENORES	DECANATOS	FECHAS APROXIMADAS
Caballero de Bastos	7 C	20-30° Escorpio	13 nov-22 nov
	8 B	0-10° Sagitario	23 nov-2 dic
	9 B	10-20° Sagitario	3 dic-12 dic
Reina de Pentáculos	10 B	20-30° Sagitario	13 dic-21 dic
	2 P	0-10° Capricornio	22 dic-30 dic
	3 P	10-20° Capricornio	31 dic-9 ener
Caballero de Espadas	4 P	20-30° Capricornio	10 enero-19 enero
	5 E	0-10° Acuario	20 enero-29 enero
	6 E	10-20° Acuario	30 enero-8 febrero
Caballero de Copas	7 E	20-30° Acuario	9 febrero-18 febrero
	8 C	0-10° Piscis	19 febrero-28 febrero
	9 C	10-20° Piscis	1 marzo-10 marzo

La tirada de la rueda de la suerte de La Rueda de la Fortuna

Cuando hagas esta tirada de las trece cartas de la suerte, imagínate que estás tejiendo una red de color plateado, como la araña en la esquina de la carta de La Rueda de la Fortuna.

- La primera carta, en el centro de la tirada, te representa a ti.
- Cualquier carta de los arcanos mayores que caiga en la tirada indica fuerzas que no puedes controlar.
- Las de los arcanos menores representan tus respuestas y reacciones ante esas fuerzas.
- Las cartas más cercanas a ti tienen mayor influencia en tu vida.

El Tarot de los Magos

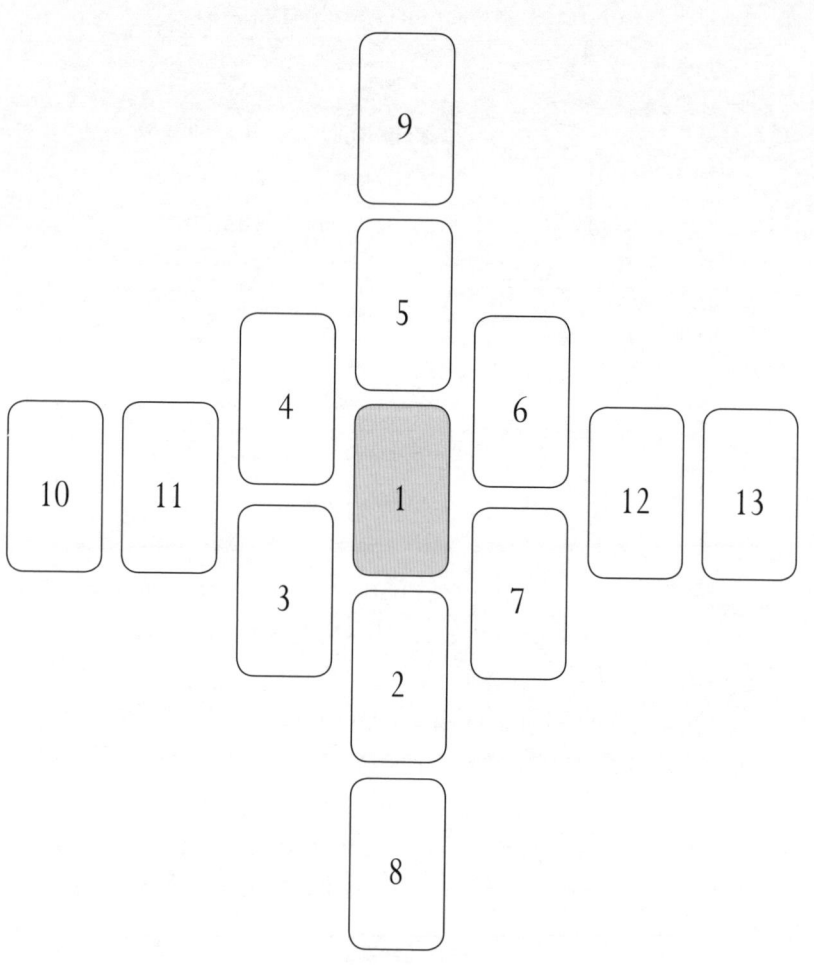

XI - La Justicia
PROFESORA DE ÉTICA

La profesora de ética te ayudará a equilibrar la moral y las obligaciones de tu práctica mágica.

Símbolos clave

- La profesora está jugando con una balanza dorada en su escritorio. Desde tiempos remotos la balanza es un símbolo de la verdad y la justicia. En este caso, la imaginería viene del antiguo Egipto, donde la diosa Maat pesaba el corazón de un hombre poniéndolo en un lado de la balanza y colocando en el otro una pluma antes de permitirle viajar al más allá.
- Esta carta también se asocia a Themis, diosa griega de la justicia que ayudó a salvar a Zeus de su padre Cronos. Tenía grandes dotes proféticas y durante un tiempo fue Oráculo de Delfos.
- La balanza es el emblema de Libra, el signo del equilibrio. Su símbolo, que recuerda a una balanza equilibrada, está pintado en el muro tras la profesora.
- Parece equilibrarse con un símbolo compañero, la letra hebrea *lamed*, que significa «aguijada de bueyes».
- La pluma que hay en el escritorio de la profesora simboliza la espada de la justicia, un recordatorio con doble sentido de que la justicia corta por ambos lados.
- El aula tiene el aspecto de un despacho de abogados o de una biblioteca de derecho, con armarios repletos de volúmenes de ley y de ética encuadernados en cuero.
- Las puertas de cristal de los armarios simbolizan la transparencia y la protección de la ley.
- Los pergaminos enrollados sobre el escritorio, al igual que los duplicados de las estanterías, representan la sabiduría y las sentencias de la antigüedad.
- El animal acompañante de la profesora es un búho blanco, símbolo de la visión clara y la sabiduría. Atenea,

la diosa de la sabiduría, solía estar acompañada de un búho. Estas aves también pueden ser mensajeros.

Magia práctica

Mientras te encuentres en el recinto de la Academia Mandrágora, una serie de criaturas elementales velará para asegurar que la práctica de tus conjuros no dañe a personas, animales o propiedades. Sin embargo, en tu mundo cotidiano la magia real puede tener unos resultados que conllevan algunas consideraciones éticas.

La regla de tres

Antes de hacer un trabajo de magia, deberías tener en cuenta la regla de tres, una regla kármica elemental que dice que todas tus acciones regresarán a ti multiplicadas por tres. *Lo que haces, para mal o para bien, volverá a ti, como debe ser.*

El consejo de Mandrágora

Te propongo reflexionar sobre el consejo de Mandrágora, una especie de «regla de oro». Es un proverbio admonitorio, que se ha transmitido de generación en generación: *haz lo que quieras, sin dañar a nadie.* Este consejo no te da permiso para hacer cualquier cosa que se te ocurra, pero sí te permite libertad de conciencia.

El credo de Mandrágora

Asimismo, podrías adoptar el credo de Mandrágora, que la profesora de ética enseña en todas sus clases introductorias:

Las palabras tienen poder; los actos también.
Tus decisiones volverán a ti.

El Tarot de los Magos

Vive como quieras; actúa como debes,
con perfecto amor y perfecta fe.
Si «no hacer daño» es tu guía,
mantén a tu lado fe y sabiduría.
Las respuestas que buscas se hallan
en los sagrados espacios y en la tierra santa
en donde los dos mundos se juntan, y dan a luz
fuego, aire, tierra y agua.

La tirada de tarot de La Justicia

La tirada en la que solo intervienen arcanos mayores es una disposición clásica de cartas procedente del *Tarot of the Magicians,* de Oswald Wirth. Se creó para ser leída como una audiencia con abogados que argumentan ante el juez los pros y los contras de un caso. Usa esta tirada al enfrentarte a una decisión difícil.

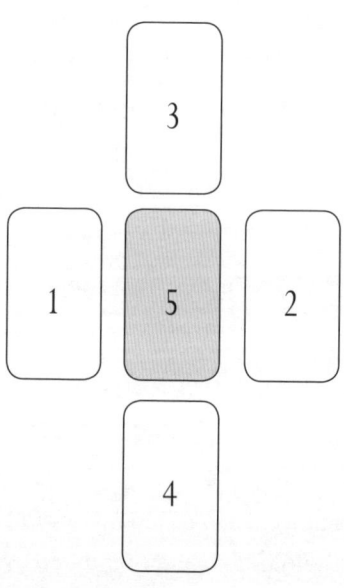

1. Los pros: los argumentos a favor del caso.
2. Los contras: la oposición.
3. El juez.
4. El juicio, a favor o en contra.
5. La decisión o el sumario del caso escrito por el juez.

XII - El Colgado
PROFESOR DE RUNAS

Hace siglos, los bardos augures del norte de Europa usaban las runas para adivinar el pasado, el presente y el futuro. Hoy día, el profesor de runas ayuda a mantener vivo este arte milenario.

Símbolos clave

- En el tarot, El Colgado es un visionario que sacrifica una vida para descubrir otra. Irónicamente, el profesor de runas es un visionario con un solo ojo, pero esto lo compensa con una segunda visión.
- El Colgado original fue Odín, el rey de los dioses noruegos. En un acto supremo de autosacrificio, se colgó bocabajo del Árbol del Mundo durante nueve días con sus noches. A cambio recibió la recompensa de las runas: el don del lenguaje escrito.
- La mayoría de los lectores de tarot están acostumbrados a ver a El Colgado bocabajo. Pero en el Tarot de los Magos le ha dado la vuelta a su vida. Es un ciudadano honorable y comparte su sabiduría con una nueva generación de místicos.
- Sin embargo, sigue colgado, al menos en un sentido: su retrato está colocado del revés. Se trata de una broma visual.
- El retrato también incorpora algunas inversiones. Es una estampa repetitiva que representa un cuadro dentro de un cuadro que a su vez está dentro de un cuadro. El efecto es hipnótico; es como mirar dentro de un túnel del tiempo, en el que la imagen gira hasta el infinito.
- El profesor de runas tiene dos cuervos: Hugin y Munin, llamados así por las aves mensajeras de Odín.
- En la vidriera del aula aparecen las veinticuatro letras del alfabeto rúnico.
- La carta de El Colgado se asocia con Neptuno, el planeta de la ilusión. El símbolo de Neptuno, un tridente, puede verse en la pared.
- Uno de los libros permanece abierto por la letra hebraica *mem*, que significa «agua». La imagen refleja su

conexión con las profundidades de la mente inconsciente y subconsciente.

La runas

Hace más de tres mil años, en el norte de Europa se usaba un alfabeto mágico y misterioso: el alfabeto rúnico. Cada runa tiene un significado literal y otro simbólico que está estrechamente relacionado con él.

Durante cientos de años las runas se cincelaron en piedra, se inscribieron en metal y se imprimieron a fuego en madera. Tenían el poder de encantar, de maldecir y de lanzar hechizos (también se usaban para deletrear las palabras). Se utilizaban en poesía, en inscripciones e invocaciones al panteón de los dioses nórdicos. Hoy día, las runas aún tienen el poder de aconsejar, de clarificar y de comunicar.

El que sigue es el alfabeto rúnico más común, conocido como el Elder Futhark («Futhark» es un acrónimo formado por las seis primeras letras del alfabeto). Las letras aparecen en orden, con su transcripción, pronunciación, y significado literal y adivinatorio.

f	u	th	a	r	k	g	w
h	n	i	j	ae	p	z	s
t	b	e	m	l	ng	d	o

ARCANOS MAYORES

- **Fehu** [feiju] «ganado»: posesiones, riqueza movible, ingresos, seguridad, abundancia, estatus social.
- **Uruz** [uuruus] «aurochs, el buey salvaje»: fuerza, aguante, coraje, voluntad, el desafío de la caza.
- **Thurisaz** [zuuriisos] «gigante; el dios Thor y su famoso martillo»: energía, ataque, defensa, conflicto.
- **Ansuz** [aunsuus] «boca; el dios Odín»: discurso, lenguaje, comunicación, sabiduría, consejo, profecía, revelación.
- **Raidho** [raiizoo] «carro, rueda»: movimiento, viaje, control, pasaje, viaje, búsqueda.
- **Kenaz** [keinoos] «fuego, antorcha, linterna»: iluminación, despertar, visión, claridad, discernimiento.
- **Gebo** [gueibo] «regalo»: generosidad, intercambio, afecto mutuo, colaboración, obligación, reciprocidad.
- **Wunjo** [guunyo] «alegría»: placer, éxtasis, gloria, dicha, logro, satisfacción, armonía.
- **Hagalaz** [joogooloos] «saludo»: interrupción, destrucción, lo inesperado, descontrolado e incontrolable.
- **Nauthiz** [noodiis] «necesidad»: retraso, sufrimiento, restricción, represión, prueba.
- **Isa** [iisoo] «hielo»: inercia, congelar, frigidez, enfriamiento, congelación, bloqueo, resbalón, preservación.
- **Jera** [yeroo] «cosecha»: fertilidad, generosidad, recompensa, resultado, conclusiones cíclicas.
- **Eihwaz** [aiguos] «árbol del tejo»: constancia, fiabilidad, aguante, consistencia, propósito, muerte y resurrección.
- **Perthro** [perzrou] «cubilete»: suerte, fortuna, juego, habilidad, misterio, secretos, revelación, iniciación, lo oculto.

- **ALGIZ** [alguiis] «cuernos de alce»: la mano levantada que protege del mal, protección, defensa, bendición.
- **SOWILO** [sougüiloo] «sol»: brillo, optimismo, luz, salud, plenitud, armonía.
- **TIWAZ** [tiiguos] «justicia; el dios guerrero Tyr»: honra, victoria, éxito.
- **BERKANA** [beerkoona] «abedul; Ostara, diosa del amanecer»: renovación, renacimiento, recuperación, regeneración, fertilidad, crecimiento.
- **EHWAZ** [eeguoos] «caballo»: trabajo en equipo, colaboración, confianza, compromiso, lealtad, progreso, avance.
- **MANNAZ** [moonnos] «humanidad, raza humana»: naturaleza humana, el ser, el individuo, la comunidad, la sociedad, los amigos.
- **LAUGUZ** [looguus] «agua»: fluidez, mutabilidad, fertilidad, purificación, intuición, emoción.
- **INGWAZ** [iinguos] «dios de la fertilidad Ing»: sexualidad, potencia, gestación, crecimiento, terminación.
- **DAGAZ** [zaugoos] «día, amanecer, aurora»: luz, claridad, conciencia, despertar.
- **OTHALA** [oozagüiloo] «hogar ancestral»: patrimonio, dedicación, herencia material y espiritual.
- **WYRD** [güiir] «la runa en blanco»: lo que no se puede conocer, lo que aún está por decidir.

MAGIA PRÁCTICA

Haz tus propias runas con papel, arcilla, piedras o madera. Tradicionalmente, se cantaba o modulaba el nombre de cada runa conforme se inscribía.

Puedes usar runas en conjunción con las cartas de tarot. Dibújalas para clarificar el significado de las cartas individuales o para añadir nueva información a la tirada.

Puedes usar también las runas como un lenguaje mágico secreto. Empieza por escribir las letras de tu nombre en el alfabeto rúnico. Más tarde podrás inscribir runas en tus accesorios mágicos para añadirles mayor poder y significación. También puedes confeccionar conjuros, encantamientos, amuletos y tótems combinándolos de formas que te resulten gráficamente atractivas.

La tirada de Hugin y Munin de El Colgado

Los nombres de los cuervos mensajeros de Odín, Hugin y Munin, significan «pensamiento» y «memoria», respectivamente. Usa esta tirada para clarificar lo que sabes sobre una situación actual, lo que recuerdas sobre un evento similar en el pasado y cualquier conexión que encuentres entre los dos. Es probable que las cartas despierten un recuerdo hace tiempo olvidado, traigan un importante detalle a la luz o revelen un secreto sobre el pasado, presente o futuro.

Presta especial atención a los símbolos e imágenes que reconozcas de tu vida diaria. Las cartas siempre intentarán hablarte en un lenguaje que tú conozcas.

XIII - La Transfiguración
EL PROFESOR DE TRANSFIGURACIÓN

Los viejos hábitos se resisten a morir, pero el profesor de transfiguración te guiará a través del proceso de autotransformación.

Símbolos clave

- La transfiguración es la carta de la metamorfosis y el renacimiento. En una lectura de tarot, con frecuencia describe la conexión entre y fin y un nuevo principio.
- El profesor es un maestro en el arte de cambiar de forma. Aparece representado en el proceso de transformar su figura humana en la de una mariposa Proteo, llamada así en honor al dios griego Proteo, que podía adivinar el futuro, aunque aquellos que deseaban que lo hiciera primero tenían que vencerle. Él se resistía transformándose en una gran cantidad de criaturas.
- Desde hace mucho tiempo las mariposas han sido un símbolo de la transformación, porque evoluciona a partir de una oruga incapaz de volar hasta una criatura de aire en el espacio de una sola vida.
- El profesor viste de negro, para simbolizar los misterios oscuros de la muerte y el mundo lleno de sombras de los sueños, así como los secretos enterrados de la mente subconsciente.
- Tras él se ve el sol bajo en el horizonte. Sus rayos parecen rodearlo con un halo de luz.
- La calavera a sus pies simboliza nuestra propia transformación de espíritu a forma física, y vuelta a empezar.
- Las dos velas blancas en el suelo son un recordatorio de que la energía nunca se pierde ni se destruye. Conforme las velas arden y se funden, la energía que contienen se desprende, y su esencia cambia de una forma a otra.
- La rosa blanca es un símbolo de muerte y renacimiento. En este caso, hay cuatro rosas blancas, una para cada uno de los territorios de la vida espiritual, emocional, intelectual y física.

- El símbolo de Escorpio está grabado en el lado izquierdo del marco de la ventana. Escorpio está regido por Plutón, símbolo de la transformación y del inframundo, y el signo se asocia con el poder transformativo del sexo, la muerte y la herencia.
- La letra hebrea *nun* está grabada en el lado derecho de la ventana. Significa «pescado». En el Tarot de los Magos, el pez se vincula con las aguas del inconsciente, donde podemos pescar las respuestas a los grandes misterios, o simplemente la información e inspiración que necesitamos para seguir viviendo.

Magia práctica

Casi todos los seres nos encontramos constantemente en el proceso de rehacernos. Queremos deshacernos de hábitos insanos y de creencias improductivas, y reemplazarlos con pensamientos y comportamientos saludables.

Sin embargo, el proceso de transformación y de desprendimiento siempre tiene un precio. A veces parece insoportablemente alto: para cambiar, tenemos que dejar a un lado el confort y el control de nuestro viejo yo, aventurarnos en un territorio nuevo y desconocido.

La tirada de La Transfiguración

Piensa cuidadosamente en la transformación que te gustaría llevara cabo en tu vida. Baraja las cartas y elige dos, que simbolizarán tu vida antes y después del cambio. Déjalas a ambos lados de La Transfiguración, y lee las tres cartas como una tirada de pasado, presente y futuro. Busca las similitudes, las diferencias y el consejo.

La tirada de la vida pasada de La Transfiguración

Para obtener una comprensión aún más profunda de tu transformación personal, puedes usar las cartas para explorar una vida pasada. Esta tirada puede referirse a cuando eras niño o describir otra encarnación.

Coloca las cartas en una lemniscata, el símbolo del infinito con forma de ocho.

1. Descripción de tu vida pasada: ¿qué aspecto tenías en ella?
2. Localización en tu vida pasada: ¿dónde vivías?
3. Personalidad en tu vida pasada: ¿cómo eras?

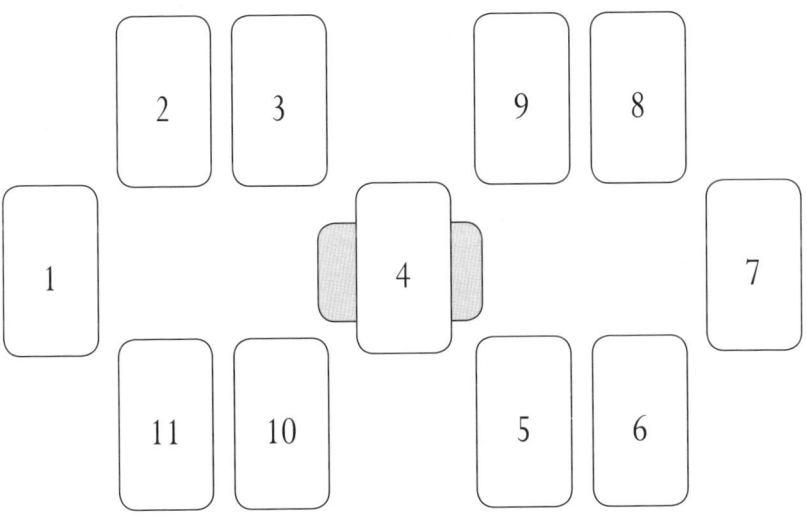

4. Relación entre tu vida pasada y presente: ¿qué relación has traído de una vida pasada a la presente? (Si quieres ver más de una, añade otra carta.)

5. Propósito de tu vida pasada: ¿cuál era ese propósito?
6. Pasión de tu vida pasada: ¿qué amabas en tu antigua vida?
7. Muerte en tu vida pasada: ¿cómo falleciste en ella?
8. Lección de vida: ¿qué aprendiste?
9. Asunto no resuelto de tu vida pasada: ¿qué miedo, preocupación o agobio acarreas de esa vida a esta?
10. Propósito de tu vida presente: ¿qué necesitas cumplir en tu vida actual?
11. Consejo: ¿qué mensaje tiene tu pasado para tu presente?

XIV - El Alquimista
PROFESOR DE ALQUIMIA

A través de la historia, incontables alquimistas han perdido su fortuna y su salud en la búsqueda de la piedra filosofal, el catalizador magistral que podría transformar plomo en oro.

El Tarot de los Magos

El profesor de alquimia de la Academia Mandrágora puede ayudarte a evitar sus costosos errores.

Símbolos clave

- En lo alto de la torre de la Academia Mandrágora, el profesor de alquimia está trabajando en una serie de experimentos. En este caso, está mezclando los contenidos de dos frascos, uno rojo y otro azul. La mezcla encarna la unión de contrarios como fuego y agua, aire y tierra, masculino y femenino, activo y pasivo...
- El profesor lleva lentes, que representan su visión científica y que actúan también como gafas para proteger y preservar su visión ocular.
- El laboratorio está equipado con una gran variedad de instrumentos científicos. Cada pieza tiene un propósito, pero todo el equipo está dispuesto con un solo objetivo: la transformación.
- La alquimia es una ciencia y un arte, y esta es la carta del equilibrio, la armonía y las soluciones creativas a viejos problemas.
- En último término, la tarea del alquimista es refinar y transformar la materia básica ordinaria en un elemento más puro y noble. Su trabajo en el plano físico es una metáfora del desarrollo espiritual.
- Tradicionalmente los alquimistas guardan cocodrilos disecados en sus laboratorios. No está claro si el que aparece en esta carta es un animal disecado o si solo está descansando en estado de letargo.
- El profesor da la espalda a una ventana abierta. Aunque es cierto que nada le protege de la furiosa tormenta del exterior, a su alrededor el aire está cargado de

electricidad y de una hormigueante sensación de descubrimiento y éxito. Hay un elemento de riesgo, pero lleva en sí la promesa de la posibilidad. En cualquier momento, puede caer derribado por un rayo surgido de la nada o iluminado por un relámpago cósmico de poder e inspiración.

- Las paredes de su aula están pintadas con motivos inspirados en el arte griego que hacen referencia a su conexión con el fundador de la alquimia, Hermes Trismegisto, o Hermes el Tres Veces Grande. Antiguamente se creía que Hermes fue un egipcio de la época de Moisés. En la actualidad se le considera una personificación del dios griego Hermes, el dios romano Mercurio y Thot, el dios egipcio de la sabiduría.
- El motivo incorpora el símbolo en forma de arco de Sagitario, símbolo del pensamiento y la educación superiores, la filosofía y la exploración.
- El motivo incluye además la letra hebrea *samekh,* que significa «puntal» o «mástil de tienda». En este caso sugiere que la educación y la exploración son los puntales del descubrimiento científico.

Magia práctica

La alquimia es una ciencia compleja, pero puedes empezar a estudiarla con unos cuantos conceptos básicos: los tres principios, los cuatro elementos y los siete planetas.

Los tres principios

Los alquimistas creen en tres principios básicos de creación:

1. El azufre, el principio activo, masculino, es caliente, seco y fiero. Es el padre de toda la materia.
2. El mercurio, el principio receptivo, femenino, es frío y acuoso. Es la madre de todas las cosas.
3. La sal, el principio de la armonización, es la hija del azufre y el mercurio. Simboliza la creación y la manifestación.

Los cuatro elementos

Los tres principios están estrechamente relacionados con los cuatro elementos del fuego, el agua, el aire y la tierra.

Los primeros alquimistas solían explicar que el fuego actuaba en el aire para producir azufre, el aire actuaba en el agua para producir mercurio y el agua actuaba en la tierra para producir sal. Como a la tierra no le quedaba nada en lo que actuar, servía como niñera o matriz de los otros tres principios.

Los siete planetas

Tradicionalmente los alquimistas creían que los cielos, el Zodiaco, las estrellas fijas y los planetas fueron lo primero que crearon los elementos.

Les atribuían una significación especial a los planetas. Pensaban que eran seres celestiales y expresiones de la divinidad, y los relacionaban con los días de la semana, con varios metales y con las características de la personalidad humana.

ARCANOS MAYORES

| \multicolumn{5}{c}{LOS SIETE PLANETAS} |
PLANETA	SÍMBOLO	METAL	PROPIEDADES METÁLICAS	CARACTERÍSTICAS HUMANAS
Sol	☉	Oro	El metal más precioso	Alegre: optimista, de buen carácter
Luna	☽	Plata	El segundo metal más precioso	Melancólico: emocional, maternal
Mercurio	☿	Mercurio	Fluido y rápido, de ahí el nombre azogue («plata rápida», *quicksilver* en inglés)	Mercurial: mudable, impredecible
Venus	♀	Cobre	Brillante y reflejante, como un espejo	Venusiano: adorable, misterioso
Marte	♂	Hierro	Fiero y rojo, excelente para fabricar armas	Guerrero: agresivo, impetuoso
Júpiter	♃	Estaño	Abundante y barato	Jovial: buen carácter, extrovertido
Saturno	♄	Plomo	Pesado y vulgar, símbolo de tentación, pecado y mal	Saturnino: serio, sumiso

LA TIRADA DE EL ALQUIMISTA

Esta tirada de tres cartas aprovecha un simbolismo alquímico.

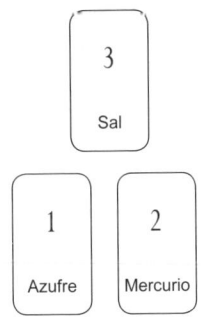

1. Azufre. Representa tu empuje para crear y tu deseo de comenzar nuevos proyectos.
2. Mercurio. Muestra tu capacidad de nutrir y desarrollar nuevos proyectos en sus estadios iniciales.
3. Sal. Describe tu capacidad para asumir ideas desde un principio hasta un final y transformar tus visiones en realidad.

XV - El Señor Oscuro
PROFESOR DE ARTES OSCURAS

Un mago o bruja auténtico debe entender el poder de la oscuridad. En la Academia Mandrágora las artes oscuras son un campo especializado de estudio.

Símbolos clave

- En las profundidades de un aula subterránea, El Señor Oscuro retiene a dos sapos de tamaño desmesurado, dos estudiantes que han sido temporalmente transformados.
- Los motivos de este profesor no están claros, pero nada es obvio en esta carta. Podría estar protegiendo a los estudiantes, atormentándolos o conteniéndolos.
- En realidad, los estudiantes están aprendiendo una lección. Las cadenas son un símbolo de ignorancia, y fueron ellos mismos quienes las forjaron. Echaron una mirada retrospectiva a la libertad y la responsabilidad, y se negaron a ser encadenados a un escritorio. No fueron capaces de reconocer el efecto liberador de la educación y degeneraron en una forma inferior de vida. Ahora que han llegado el fondo cenagoso de la existencia, podrán finalmente ver el error que cometieron.
- El pentagrama invertido tras el tres simboliza el error de los estudiantes. Representa una inversión de las prioridades normales.
- Las cadenas también son un símbolo de responsabilidad. Los magos que traen monstruos a la existencia son responsables de sus obras y están encadenados a sus creaciones hasta que puedan conseguir su transformación o liberación.
- Las fuerzas de la oscuridad representadas en esta carta podrían parecer negativas, pero son un componente necesario de la formación y las prácticas mágicas. De hecho, *la magia oscura no es maligna.* No es magia negra, y no tiene el propósito de poner en peligro o hacer daño

a nadie. Más bien está diseñada para complementar el resto de las materias de la escuela.
- La magia oscura implica las fuerzas de destrucción, expulsión y restricción. Ayuda a mantener las fuerzas de crecimiento y creación en equilibrio.
- En la magia oscura también se dan muchos tonos grises, como puede verse gracias a las dos llameantes antorchas que arrojan una luz oscilante sobre la habitación sin ventanas. Las sombras oscuras nos ayudan a fijar la dimensión, y la oscuridad nos permite definir la luz.
- La puerta de hierro de la clase está atrancada para impedir la huida o la entrada.
- El Señor Oscuro está ligado al signo astrológico de Capricornio, el signo de los negocios, la posición social y el éxito material. El símbolo de Capricornio está pintado en la pared, en el lado izquierdo de la carta.
- La letra hebrea *ayin*, que significa «ojo», puede verse a la derecha.

Magia práctica

Cada tipo de energía del mundo físico tiene un equivalente en el espiritual. Si estás en la misma habitación con otra persona, vuestros campos de energía se encontrarán. Algunos emiten sus preocupaciones y agobio inconscientemente, mientras que otros transmiten sus problemas de forma consciente a cualquiera que esté a su alcance. Si te propones leer las cartas de tarot para otros, blindarte puede ayudarte a ver claramente que solo estás consultando sus cartas, no quedándote con sus problemas ni asumiendo la responsabilidad de sus decisiones. El blindaje es un proceso que puede ayudarte a aclarar esos límites y protegerte de las interferencias y energías indeseadas. En el mundo físico, el aire está lleno de energía eléctrica. Parte de esa energía se crea de forma natural. Otra parte es la que emiten los aparatos eléctricos. Y otra se transmite, como las ondas de radio.

Una manera de protegerte es visualizarte a ti mismo rodeado de una luz pura y blanca. Imagina que la luz blanca funciona como un campo de fuerza que te protege de cualquier pensamiento o emoción negativa.

Además de esta protección, muchos tarotistas empiezan la sesión con una oración para que el poder superior los guíe. Algunos usan oraciones o invocaciones extraídas de sus propias tradiciones espirituales. Otros emplean alguna que ellos mismos han escrito.

También es posible enraizar cualquier exceso de energía que puedas estar acarreando. Enraizar es el proceso de crear una firme conexión entre tú y el mundo material. En el mundo físico, una corriente eléctrica fluye a través de cualquier conductor disponible hasta que alcanza el suelo. Si tienes la desgracia de interferir en su camino, la electricidad usará tu cuerpo como conductor. Cuando lees las cartas del tarot, estás corriendo un riesgo similar al ponerte en el camino de una energía espiritual y emocional que fluye libremente. Sin embargo, si estás debidamente enraizado, puedes evitar la conmoción de descubrir que de repente eres el recipiente de los problemas, asuntos o preocupaciones de otra persona. Enraizarte te ayudará a que la energía fluya a través de ti, de manera que apenas te afecten las emociones desbocadas de los demás.

Una manera fácil de enraizarte es sentarte con los pies apoyados firmemente en el suelo. Colócate las manos en el regazo y toma conciencia de tu cuerpo. Cierra los ojos e imagínate que eres un árbol, y que a tus pies les han salido raíces. Atraviesa con esas raíces el suelo de la habitación, la capa superficial de la corteza terrestre y, cada vez más profundamente, todos los estratos que te vayas encontrando hasta llegar al centro de la Tierra. Luego imagínate que tus brazos son ramas, que crecen y se extienden hacia el cielo, a través de las nubes, y llegan hasta la brillante luz del sol. Imagina lo estable que te sentirás, firmemente plantado en el suelo, pero al mismo tiempo libre para mecerte suavemente en la brisa.

La tirada del lado oscuro de El Señor Oscuro

A los estudiantes de tarot se les suele aconsejar que hagan todo lo posible al interpretar las cartas para que sus lecturas puedan servir como un rayo de aliento y esperanza.

Esta tirada es la excepción a la regla. Se trata de un planteamiento diabólico, pero hay una parte un poco malvada en cada uno de nosotros, un mago descontrolado esperando liberarse de las ataduras de la amable sociedad del tarot.

Es también una forma eficaz de descubrir tanto los aspectos positivos como los negativos de cada carta de la baraja.

Lee las tres primeras cartas hacia arriba como normalmente lo harías, es decir, cuerpo, mente y espíritu, pero dale la vuelta a las tres cartas siguientes, es decir, ponlas invertidas. Cuando las leas, desata tus demonios internos. Interpreta las cartas invertidas todo lo negativamente que puedas. Déjalas que representen la cara oscura de una situación.

A continuación, busca las conexiones entre las cartas invertidas y las que están en la postura normal. Puede que te sorprendas al ver los mensajes ocultos que salen a la luz.

XVI - La Torre
Guía del visitante a La Torre

En un lejano rincón de la Academia Mandrágora, se alza una antigua torre de piedra como monumento a un lugar y un tiempo olvidados. Allí es donde encontrarás el laboratorio del alquimista y adonde irás para asistir a sus clases.

Símbolos clave

- Algunas torres son faros, puntos de orientación y de advertencia. Otras, torreones de vigilancia, lugares de protección y refugio. Otras, prisiones en las que languidecen y se echan a perder las almas perdidas. En la Academia Mandrágora, La Torre es un laboratorio en donde se lleva a cabo un gran experimento basado en la experiencia humana.
- La Torre alberga el laboratorio de alquimia. Desde tu punto de mira puedes ver en su interior al alquimista: se encuentra junto a una ventana, en la parte superior.
- La Torre, como cualquier torre de marfil de la educación, simboliza el mundo elevado de la observación y los pensamientos superiores.
- La escalera de caracol sube en forma de doble hélice del ADN humano. Simboliza la evolución y el crecimiento, así como el hecho de ascender para alcanzar la realización y el éxito.
- La atmósfera en una torre de marfil puede ser turbulenta. En este momento, La Torre se halla en el centro de una furiosa tormenta de verano.
- La están atacando por todas partes, y en el ataque intervienen todos los elementos: el aire está agitado, la tierra tiembla con cada trueno, los relámpagos llenan el cielo de fuego y electricidad, y el agua ruge embravecida. Las olas golpean sin descanso los cimientos de La Torre, y las sacudidas hacen crujir sus pisos superiores.
- La Torre se suele asociar a Marte, el dios de la guerra y la destrucción, y a los estragos que puede causar. Simboliza ira, conmoción, destrucción y ruina.

- Sin embargo, con la misma frecuencia, representa iluminación, inspiración y liberación. Puede ser un pararrayos para el cambio. En último término, la experiencia de La Torre es de purificación.
- Está apuntalada por dos anclas: el símbolo del planeta Marte a la izquierda y la letra hebrea *pe* a la derecha, que significa «boca».

Magia práctica

Durante siglos, los filósofos creyeron que en el universo entero existían cuatro elementos: fuego, agua, aire y tierra. Acordaron que cada uno representaba unas características primarias y secundarias que determinaban hasta qué punto podían mezclarse y encajar entre sí.

Según su sistema:

- El fuego es caliente y seco.
- El agua es fría y húmeda.
- El aire es caliente y húmedo.
- La tierra es fría y seca.

Algunos tarotistas usan los elementos para realizar sus lecturas, aludiendo a las dignidades elementales en una tirada.

La tirada de las dignidades elementales de La Torre

Esta tirada introductoria te ayudará a ver cómo funcionan los cuatro elementos en combinación. No pienses en los que aparecen en las cartas por sí mismos. Para esta lectura práctica solo tienes que trabajar con las posiciones de la tirada.

1. Empieza repartiendo las cuatro cartas centrales. Dispón una por cada elemento: fuego, aire, agua y tierra.
2. Coloca cuatro cartas más en las esquinas para representar las características de los elementos: seco, caliente, frío y húmedo.
3. Usa el diagrama para determinar de qué manera se relacionan entre sí las cartas en un nivel elemental.

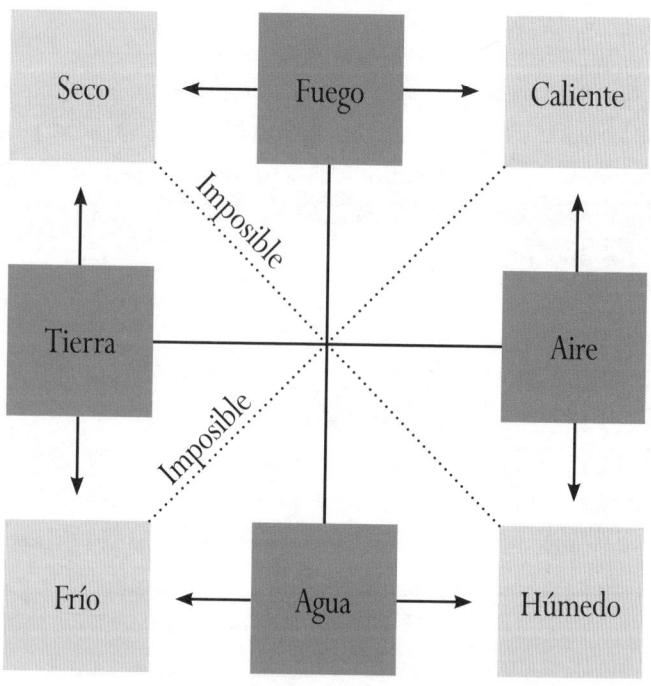

> Las tres cartas de un lado, como seco, fuego y caliente, funcionarán bien juntas; las dos de los extremos reforzarán la que se encuentra en el medio.

- Dos cartas de elementos que compartan una esquina de la tirada (fuego y aire, agua y tierra o tierra y fuego) pueden también funcionar juntas.
- Las cartas en las posiciones de fuego y agua (lo mismo que en tierra y aire) estarán diametralmente opuestas la una a la otra pero pueden confluir en el centro.
- Las cartas en las esquinas opuestas (seco y húmedo, o caliente y frío) serán imposibles de reconciliar.

XVII - La Estrella
PROFESORA DE ASTROLOGÍA

El arte del tarot está inextricablemente ligado al estudio de las estrellas. La profesora de astrología te ayudará a sacar el mayor partido de ambas formas de adivinación.

Símbolos clave

- La profesora de astrología se parece a Nut, la diosa egipcia del cielo. Su vestido está hecho de estrellas y del cielo azul nocturno, la misma tela del tiempo y el espacio.
- El brazalete en forma de serpiente en espiral que lleva en el brazo simboliza la energía espiral del universo, lo mismo que el deseo del alma de escapar a las ataduras terrenales y reunirse con el dios de la creación.
- La profesora está desenrollando una carta astrológica, una instantánea de los planetas en un momento importante del tiempo. Una carta astrológica puede leerse como un plan celestial, un gran diseño y un proyecto de la existencia.
- Hay cuatro insectos luminosos que brillan como estrellas vivientes, uno por cada elemento y cada palo de los arcanos menores.
- La esfera armilar a sus pies es un modelo a escala del universo con la esfera de cobalto de la Tierra en el centro.
- Hay un sextante, un instrumento de navegación, en el banco, frente a ella. Los sextantes miden la altitud de los objetos sobre el horizonte para calcular la longitud. Se trata de un dispositivo que nos ayuda a encontrar nuestro lugar en el mundo.
- Otro instrumento de navegación, un compás, puede verse junto a ella. El compás se alinea con los campos magnéticos de la Tierra (un símbolo invisible de poder) y resalta las cuatro direcciones cardinales.
- Como la carta de La Estrella se asocia con el signo astrológico de Acuario, la constelación de Acuario es visible al fondo.

- La estrella más prominente que puede distinguirse, aunque en realidad es un planeta, es Venus, conocido comúnmente como la estrella del alba, o la del atardecer, un faro de orientación, esperanza e inspiración.
- El signo de Acuario está grabado en el pilar de la izquierda. Acuario es el símbolo del pensamiento futurista y visionario, y de las causas sociales. Es un signo de aire, pero está representado por un portador de agua, por lo que se vincula tanto con el aire como con el agua.
- La letra hebrea *heh* aparece también en el pilar. Significa «ventana», que se suele utilizar para escudriñar las estrellas y que también permite que la luz de estas nos alcance desde el exterior.
- Durante siglos la gente ha mirado el cielo nocturno para orientarse. Los marinos se guían por la Estrella del Norte. Los niños pequeños piden deseos a la primera estrella de la noche. Los jóvenes amantes buscan estrellas fugaces para pedirles felicidad. En el tarot, La Estrella simboliza la orientación.
- Esta carta es un cuadro de historia. La luz de todas las estrellas del firmamento nocturno ha viajado vastas distancias durante siglos para alcanzarnos.
- Para algunas tradiciones, cada estrella es un alma no nacida o difunta.
- La carta representa también el poder del mito. Desde la noche de los tiempos los narradores de historias se han reunido alrededor de las hogueras y han usado las estrellas como plataforma para describir nuestras esperanzas y sueños más secretos. Cada constelación del cielo nocturno está asociada a un correspondiente mito o leyenda. Se cree que Acuario, el signo más estrechamente

relacionado con la carta de La Estrella, es Ganímedes, el joven y atractivo copero de los dioses. Vivía con ellos en el monte Olimpos, donde guardaba sus copas llenas de ambrosía, el agua de la vida, el néctar de los dioses y la bebida de la inmortalidad.

Magia práctica

La astrología no es tan antigua como las estrellas, pero sí tanto como la humanidad. Desde que los primeros seres humanos miraban al cielo nocturno y meditaban sobre las fases cambiantes de la luna, la astrología ha configurado la manera en que pensamos sobre el universo, y sobre nosotros.

Esta ciencia ha tenido también una enorme influencia en el tarot. Cada una de las cartas de los arcanos mayores está asociada con un signo o un planeta. En los arcanos menores, los cuatro ases y las cartas de la corte se corresponden con los cuatro elementos, que juegan un papel crucial en las interpretaciones astrológicas. Cada una de las restantes treinta y seis cartas de los arcanos menores (del dos al diez) tiene un lugar en la rueda de trescientos sesenta grados del Zodiaco.

Usa la tabla de la página siguiente para encontrar las cartas que se correspondan con signos de sol, luna y signos ascendentes. Si no las conoces, el personal de cualquier librería metafísica puede referirte a un astrólogo. Muchas páginas webs también ofrecen cartas astrológicas gratuitas.

Si eres astrólogo de un nivel intermedio o experimentado, puedes confeccionar toda tu carta de nacimiento basándote en el tarot.

El Tarot de los Magos

LA ASTROLOGÍA DE LAS CARTAS DE TAROT

Símbolo	Planeta o signo	Significado	Carta de tarot
☉	El Sol	Iluminación, el ser, el ego; el símbolo se parece al sol en el centro del sistema solar	El Sol
☽	La Luna	Ciclos, reflexión; el símbolo es como una luna creciente	La Gran Sacerdotisa
☿	Mercurio	Velocidad, comunicación; el símbolo parece Mercurio, mensajero de los dioses, con su casco alado	El Mago
♀	Venus	Amor, atracción, tesoro espiritual, fertilidad; el símbolo se asemeja al espejo de mano de una mujer	La Emperatriz
♂	Marte	Energía, agresión, autodefensa, acción; el símbolo parece un escudo con una flecha	La Torre
♃	Júpiter	Suerte, crecimiento, expansión, entusiasmo; el símbolo es similar al número 4, cuya pronunciación en inglés suena como las primeras letras de «fortuna»	La Rueda de la Fortuna
♄	Saturno	Disciplina, límites, bordes, tradición; el símbolo parece una iglesia y un campanario	El Mundo
♅	Urano	Independencia, rebelión, libertad; el símbolo es una especie de satélite y su antena	La Iniciada
♆	Neptuno	Elegancia, ilusiones, sensibilidad; el símbolo se parece al tridente de Neptuno	El Colgado
♇	Plutón	Muerte, regeneración, cambio inevitable; el símbolo guarda semejanza con las dos primeras letras de Plutón	El Juicio

ARCANOS MAYORES

LA ASTROLOGÍA DE LAS CARTAS DE TAROT			
Símbolo	**Planeta o signo**	**Significado**	**Carta de tarot**
♈	Aries, el carnero	(21 marzo-20 abril) El iniciador, regido por Marte; el símbolo se parece a las astas de un carnero	El Emperador
♉	Tauro, el Toro	(21 abril-20 mayo) El defensor; regido por Venus; el símbolo tiene el aspecto de la cabeza de un toro	El Hierofante
♊	Géminis, los gemelos	(21 mayo-20 junio) El que pregunta; regido por Mercurio; el símbolo parece representar a dos personas, una al lado de la otra	Los Amantes
♋	Cáncer, el cangrejo	(21 junio-20 julio) El cuidador, regido por la Luna; el símbolo es parecido a las pinzas de un cangrejo o a los senos de una mujer	El Carro
♌	Leo, el león	(21 julio-20 agosto) El leal, regido por el Sol; el símbolo parece la cola o la melena de un león	La Fuerza
♍	Virgo, la virgen	(21 agosto-20 septiembre) El modificador; regido por Mercurio; el símbolo se asemeja a una V y una M, las iniciales de la Virgen María	El Ermitaño
♎	Libra, la balanza	(21 septiembre-20 octubre) El juicio, regido por Venus; el símbolo se parece a una balanza equilibrada	La Justicia
♏	Escorpio, el escorpión	(21 octubre-20 noviembre) El catalizador, regido por Plutón; su símbolo recuerda al aguijón de la cola de un escorpión	La Transfiguración

El Tarot de los Magos

	LA ASTROLOGÍA DE LAS CARTAS DE TAROT		
Símbolo	Planeta o signo	Significado	Carta de tarot
♐	Sagitario, el arquero	(21 noviembre-20 diciembre) El aventurero, regido por Júpiter; su símbolo parece una flecha	El Alquimista
♑	Capricornio, la cabra	(21 diciembre-20 enero) El pragmático, regido por Saturno; el símbolo se parece a la cabeza y el cuerpo de una cabra	El Señor Oscuro
♒	Acuario, el portador de agua	(21 enero-20 febrero) El reformador, regido por Urano; el símbolo tiene una forma similar a las olas del mar o a las ondas del aire	La Estrella
♓	Piscis, el pez	(21 febrero-20 marzo) El visionario, regido por Neptuno; el símbolo se parece a dos peces besándose	La Luna

La tirada del Zodiaco de La Estrella

Dispón las cartas en un círculo en el sentido contrario a las manecillas del reloj, y léelas como leerías una carta astrológica. Las posiciones están basadas en las casas de un horóscopo.

1. Primera casa: apariencia física, primeras impresiones.
2. Segunda casa: dinero, posesiones, valores.
3. Tercera casa: comunicación, hermanos y hermanas, vecindario.
4. Cuarta casa: maternidad, hogar y familia.
5. Quinta casa: paternidad, creatividad y recreación.
6. Sexta casa: trabajo, obligación, responsabilidad, servicio a otros.

ARCANOS MAYORES

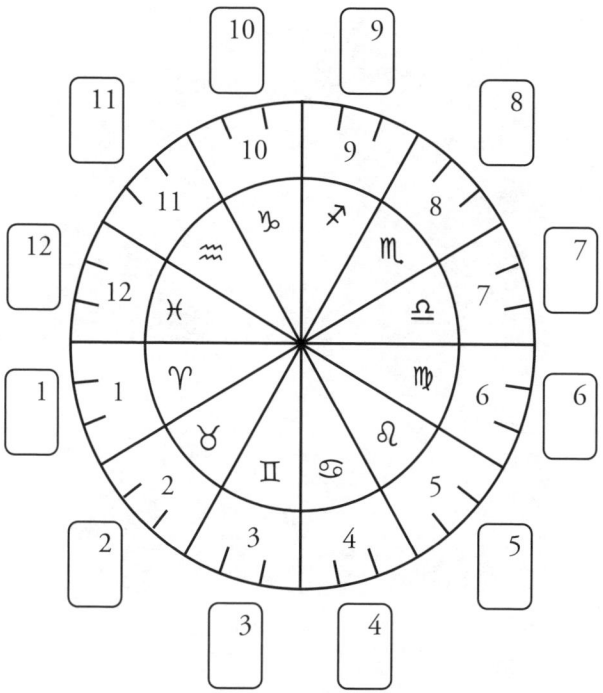

7. Séptima casa: matrimonio, sociedades, relaciones íntimas.
8. Octava casa: sexo, muerte, el dinero de otros.
9. Novena casa: filosofía, viajero de larga distancia, educación superior.
10. Décima casa: ambición, estatus, carrera, imagen pública.
11. Undécima casa: grupos sociales, causas, pensar a largo plazo.
12. Duodécima casa: capacidad paranormal, lo oculto, lugares escondidos, el pasado.

XVIII - La Luna
PROFESORA DE MAGIA LUNAR

La profesora de magia lunar es la encarnación física de la luz de la luna. Es una divina luminosidad viviente y te ayudará a aprovechar los poderes mágicos de nuestro satélite.

Símbolos clave

- ⋄ La profesora de magia lunar está representada en un círculo sagrado de piedras verticales. Los megalitos separan la tierra de la noche y las sombras del mundo cotidiano del sol.
- ⋄ Apenas lleva ropa encima para poder vestirse de luz de luna.
- ⋄ Está alzando los brazos y levantando la cara al cielo atrayendo los poderes lunares.
- ⋄ Baila, girando lentamente, como la luna en su periplo alrededor de la Tierra y el Sol.
- ⋄ Todas las fases de la luna aparecen en un gráfico en la parte superior de la carta, pero falta la luna llena, porque la está atrayendo hacia sí misma.
- ⋄ La luna es un excelente marcador para determinar los ciclos de nuestra vida. Se halla estrechamente ligada a los embarazos y al parto, porque sus fases encajan claramente con la forma femenina embarazada: primero delgada, luego redonda y llena, después otra vez delgada.
- ⋄ Si miramos con atención la figura, veremos que la profesora encarna las tres formas de la Diosa Triple: doncella, madre y hechicera. Su figura es delgada como una mujer joven. Sin embargo, tiene el vientre curvado y los pechos llenos. Ha dado a luz recientemente o se encuentra en las primeras fases del embarazo. Al mismo tiempo, tiene el pelo plateado, lo cual sugiere la sabiduría y experiencia de la hechicera.
- ⋄ Aunque la mayor parte de la tierra está cubierta de una neblina que le da un aire de ensueño, hay un estanque refractante a los pies de la profesora, de aguas cristalinas

y quietas. Su superficie lisa, como si se tratara de una bola de cristal, puede usarse para la adivinación.

- La profesora lleva dos talismanes de plata. A menudo se piensa que amuletos y talismanes son sinónimos, pero existe una sutil diferencia entre los dos. Los amuletos suelen estar tallados en piedra, mientras que los talismanes se hacen de metal. Los primeros se usan como protección contra el mal, y los segundos se emplean para darnos suerte; han sido creados para atraer positividad a quienes los portan.

- El talismán que lleva en la mano derecha es el símbolo de Piscis, el signo acuático de la intuición y la capacidad extrasensorial.

- El que sujeta con la mano izquierda es la letra hebrea *qoph*, que significa «parte posterior de la cabeza». Sirve como recordatorio de que hay cosas que podemos sentir pero que no siempre pueden verse. También hace referencia a la cara oscura de la Luna, siempre apartada de la Tierra.

- Dos podencos acompañan a la profesora, dos guardianes sagrados del pasaje entre los mundos. Tienen la apariencia de los perros míticos que acompañaban a Diana, la diosa de la luna. Los podencos, al igual que todos los perros, simbolizan la fuerza domesticadora de la civilización y la doma de los animales salvajes.

Esbats: celebraciones de la luna llena

Los estudiantes, la facultad y el personal se reúnen una vez al mes para realizar un *esbat*, una celebración de la luna en el esplendor de su fuerza. Las lunas llenas son un momento óptimo para apreciar la plenitud de la vida, conmemorar las excelencias de la luna y practicar la adivinación.

Magia práctica

Para la magia lunar básica, sigue las fases de la luna mirando al cielo: al moverse a través de sus fases, parece estar deletreando la palabra «dog» (perro, en inglés). La luna creciente es curva como la letra D, la llena parece una O, y la menguante es curvada como una G.

- La luna nueva, oscura e invisible, es un momento para planear nuevas aventuras y nuevos comienzos.
- La luna creciente es óptima para hacer conjuros para el crecimiento.
- La luna llena en su cenit es perfecta para la adivinación y el trabajo con los sueños.
- La luna menguante se presta a la magia de hacer desaparecer cosas, y eliminar o repeler fuerzas indeseadas. Es también el momento de completar el trabajo que está por terminar.

La luna en los signos

Cuando hagas algún trabajo mágico, ten en cuenta también el pasaje de la luna a través de los signos. Cuando se encuentra en el signo de fuego, es un buen momento para hechizos que se beneficiarán de un estallido de energía e inspiración ardientes; en un signo de agua, es excelente para practicar encantamientos que tienen que ver con las relaciones y magia para la fertilidad y la creatividad; en un signo de aire, facilita el trabajo intelectual, y en un signo de tierra, te indica que tu magia será práctica y estará enraizada.

A continuación se te ofrece una guía sencilla para canalizar el poder de la luna:

- **La luna en el ardiente Aries:** conjuros para el liderazgo y la toma de decisiones.
- **La luna en el terrenal Tauro:** conjuros para el amor y la prosperidad.
- **La luna en el aéreo Géminis:** conjuros para la comunicación y los viajes.
- **La luna en el acuático Cáncer:** consejos para las madres y la maternidad, para llevar el hogar y para la vida familiar.
- **La luna en el ardiente Leo:** conjuros para los padres y la paternidad, la recreación y la autoestima.
- **La luna en el terrenal Virgo:** conjuros para el trabajo y la salud.
- **La luna en el aéreo Libra:** conjuros para las sociedades y la justicia.
- **La Luna en el acuático Escorpio:** conjuros para el sexo.
- **La luna en el ardiente Sagitario:** conjuros para la educación superior y los viajes a larga distancia.
- **La Luna en el terrenal Capricornio:** conjuros para la carrera, los asuntos políticos y la ambición.
- **La Luna en el aéreo Acuario:** conjuros para los amigos, los grupos sociales y las causas, la ciencia y la tecnología.
- **La Luna en el acuático Piscis:** conjuros para las visiones psíquicas, la telepatía y la clarividencia.

ARCANOS MAYORES

Las fases de la luna de la tirada de La Luna

Esta tirada refleja el patrón de la luna creciente, llena y menguante, y el simbolismo de la Diosa Triple. Puedes usarla para tener una visión general de la vida de una mujer desde su juventud hasta sus años dorados o para hacer una predicción mensual. Las tres primeras cartas representan la primera parte del mes lunar; las cuatro intermedias, la luna llena, cuando los acontecimientos dan su fruto, y las tres últimas la parte final del mes, momento en el que se cierra el círculo de los acontecimientos.

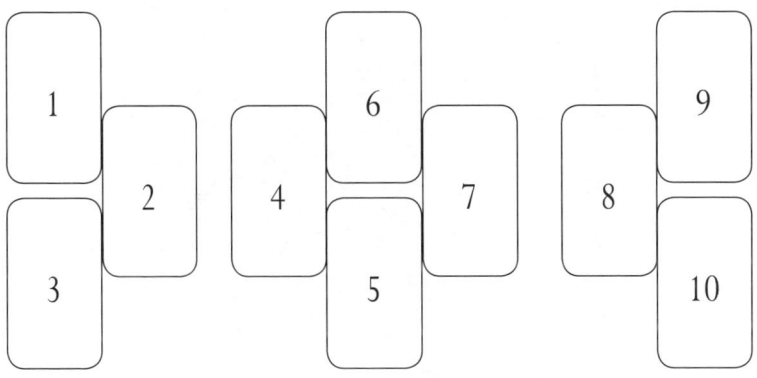

XIX - El Sol
PROFESOR DE MAGIA SOLAR

En los días soleados, el profesor de magia solar da las clases fuera del aula. Por dentro su aula siempre está brillantemente iluminada.

Símbolos clave

- El profesor de magia solar es una de las estrellas más jóvenes de la Academia Mandrágora, y encarna todo el poder solar del planeta que le rige. Es juvenil, energético y fuerte. Su piel resplandece de buena salud, y sus cabellos son un reflejo de la luz del sol.
- Está sentado junto a una ventana, donde puede tomar el sol.
- Sostiene un disco solar chapado en oro, una representación dorada de la Rueda del Año.
- La rueda tiene ocho radios, uno por cada festividad solar.
- Al otro lado de la ventana de su aula pueden verse cuatro girasoles, uno por cada estación del año. Normalmente los girasoles se tornan hacia el sol, pero en este caso se han girado hacia la cara del profesor.
- Su acompañante, un caballo blanco, también está fuera. Según el mito y la leyenda, el dios sol Apolo empleaba caballos blancos para tirar de su carro por los cielos.
- En el asiento, junto a la ventana, hay una inscripción del símbolo astrológico del sol, estilizado para que parezca la gran luz que nos alumbra desde el centro del sistema solar.
- La letra hebrea *resh* aparece junto al símbolo del sol. Significa «cabeza» o «cara». Es interesante advertir que la letra hebrea asignada a la carta de La Luna se refiere a la parte posterior de la cabeza; el sol y la luna se complementan.
- El sol es masculino y activo, lo opuesto a los aspectos femenino y receptivo de la luna. Aquel irradia la energía y el calor que refleja esta. Mientras que Apolo era el dios del sol, su hermana Diana era la diosa de la luna.

- El sol simboliza la luz del mundo, y tanto en la mitología como en la religión, representa a los dioses que nacen y vuelven a renacer.
- En la astrología, el sol asume un papel central como símbolo del ego y del ser. En el tarot, la carta de El Sol simboliza esos mismos principios astrológicos, como la conciencia y la conciencia de uno mismo.

Magia práctica

La Academia Mandrágora observa puntualmente los sabbats, las fiestas solares que tienen lugar ocho veces al año, conforme la Tierra alcanza sus puntos centrales en su viaje alrededor del Sol. Los cuatro días que quedan a medio camino entre el equinoccio y el solsticio, son los sabbats mayores, que coinciden con los festivales celtas del fuego. Los dos solsticios y los dos equinoccios marcan los sabbats menores.

Para llevar la cuenta de los festivales solares y las fiestas lunares, cómprate un calendario astrológico especializado. La mayoría no solo te dará los signos del sol y la luna, sino que también te indicará los momentos óptimos para fijar citas y para el trabajo mágico.

LOS SABBATS			
Sabbat	Fecha aproximada	Signo del Sol y grado	Significado
Samhain/ víspera de todos los santos/ Halloween	31 octubre	El Sol a 15°: Escorpio	El año nuevo celta, cuando el velo entre ambos mundos es más fino

LOS SABBATS

Sabbat	Fecha aproximada	Signo del Sol y grado	Significado
Yule/ solsticio de invierno	21 diciembre	El Sol a 0°: Capricornio	La noche más larga del año
Imbolc/ candelaria/ santa Brígida	2 febrero	El Sol a 15°: Acuario	El punto en el que los días empiezan a ser más largos
Ostara/ Eostar/ equinoccio de primavera	20 marzo	El Sol a 0°: Aries	El equinoccio de primavera, cuando la noche y el día alcanzan igual duración
Beltane/ primero de mayo	1 mayo	El Sol a 15°: Tauro	El festival de primavera de la fertilidad
Litha/ solsticio de verano	21 junio	El Sol a 0°: Cáncer	El día más largo del año
Lammas/ lughnasad/ festival de la cosecha	1 agosto	El Sol a 15°: Leo	El festival de la cosecha
Mabon/ equinoccio de otoño	22 septiembre	El Sol a 0°: Libra	El equinoccio de otoño, cuando la noche y el día tienen la misma duración

La tirada de La Rueda del Año de El Sol

El sol marca los eventos anuales como los cumpleaños y los aniversarios, y tiene por tanto una cualidad festiva y de celebración. Esta es una buena tirada adivinatoria para usar en cualquier festividad. Dispón las cartas en un círculo y empieza a leer desde donde estés situado en la Rueda del Año.

EL TAROT DE LOS MAGOS

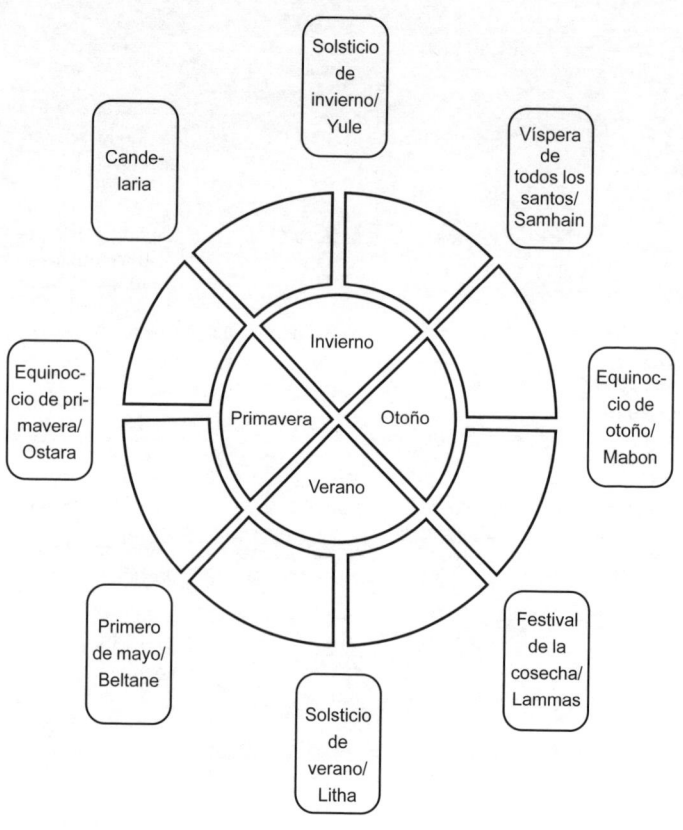

XX - El Juicio
JUEZ DE LOS EXÁMENES FINALES

Probablemente sabías que este día iba a llegar, el día en que serás juzgado por tu trabajo y tu progreso en la Academia Mandrágora. No te preocupes. Los exámenes son para llevarlos a casa, las respuestas están en el libro y la asistencia supone el noventa por ciento de tus notas.

Símbolos clave

- ⋄ Cuatro estudiantes sentados en sus pupitres, que simbolizan el trabajo y el estudio.
- ⋄ Están vestidos de rojo, amarillo, azul y verde, colores que representan el fuego, el aire, el agua y la tierra.
- ⋄ Sus uniformes parecen sugerir una competición: hay un estudiante en representación de cada una de las escuelas de magia de la Academia Mandrágora.
- ⋄ Permanecen sentados en taburetes, no en sillas. No pueden reclinarse y descansar. Están obligados a cargar con su propio peso.
- ⋄ Cada estudiante tiene una vela para ayudarle a iluminar las preguntas, y sus respuestas.
- ⋄ En primer término vemos a una jueza que lleva un portafolio de piel para los exámenes. Está vestida de negro, porque la experiencia de El Juicio no es algo que se pueda tomar a la ligera. Aun así no parece mucho mayor que los estudiantes que están haciendo el examen. Quizá esté esperando a ver sus propias notas.
- ⋄ El ave que se balancea en una percha es un fénix, la mítica criatura que muere calcinada y luego se levanta de sus propias cenizas. Es un símbolo reconfortante. Sugiere que aunque siempre exista la posibilidad del fracaso, esto no significa un final.
- ⋄ La carpeta de la jueza está marcada con el símbolo de Plutón, el planeta que simboliza los finales. En la mitología, Plutón fue el dios del inframundo.

⟡ En la ventana vemos la letra hebrea *sin*. Una de sus variantes es *shinui*, o «cambio».

Magia práctica

Evalúa tus conocimientos del Tarot de los Magos haciendo esta prueba a libro abierto. Las respuestas están al final de la página.

1. Nombra las tres primeras cartas de los arcanos mayores.
2. ¿Qué carta de los arcanos mayores representa transformación y cambio?
3. ¿En qué carta de los arcanos mayores aparecen las runas?
4. ¿Por qué se le llama a Chiron «el sanador herido»?
5. ¿Qué planeta está asociado con el amor y la belleza?
6. ¿Cuáles son los cuatro palos de los arcanos menores?
7. ¿Cuáles son los cuatro elementos?
8. ¿Qué palo describe tus capacidades intelectuales y habilidades de comunicación?
9. ¿Qué elemento corresponde a tu signo del sol?
10. ¿Cuál es la criatura elemental del fuego?

EL TAROT DE LOS MAGOS

TIRADA DE EL JUICIO - PON LOS DATOS DE LA TIRADA

Considera esto como una parte de tu examen mágico. Desarrolla tus propias interpretaciones a las cartas de esta tirada.

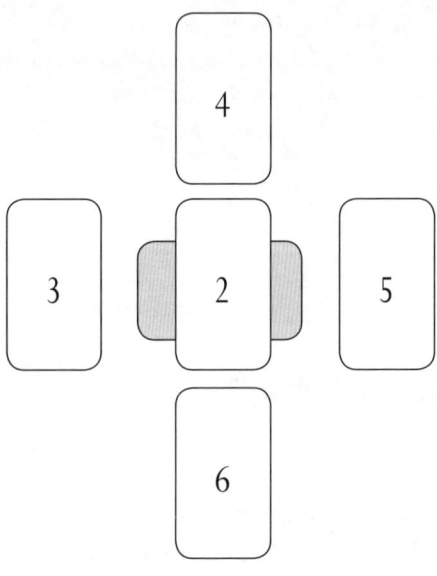

XXI - El Mundo
la Reina de las Brujas

El Mundo es una carta de finalización y éxito, y esta imagen final de los arcanos mayores marca la conclusión con éxito de tu primer año de clases en la Academia Mandrágora. Representa a la Reina de las Brujas.

También ella fue, como tú, estudiante en su día. Recorrió la senda de La Iniciada, y ahora guarda el mundo secreto de la magia y el misterio para todos los que siguen sus pasos.

Símbolos clave

- La Academia Mandrágora sale en tres dimensiones de las páginas de un libro abierto. El texto representa los Registros Akhásicos: un compendio cósmico de la experiencia humana y la sabiduría universal.
- El libro simboliza también el tarot, un manuscrito sin encuadernar que puede barajarse y releerse, una y otra vez, como una historia sin final.
- Parece estar flotando en el aire, un signo de su naturaleza etérea.
- La reina está coronada con la sabiduría, en la forma circular de una corona de la victoria.
- La corona se sujeta con lazos en forma de lemniscata, el símbolo del infinito.
- Al cuello lleva un pañuelo blanco suelto, una pieza de tela vaporosa que sugiere los tres hitos del viaje de la vida: un pañal para el recién nacido, un velo para la novia y una mortaja para el cadáver.
- Al fondo, cuatro siluetas toman forma en los contornos de las nubes: un águila, un león, un toro y un ángel. Representan los cuatro signos fijos del Zodiaco —Escorpio, Leo, Tauro y Acuario—, las cuatro dimensiones —anchura, longitud, altitud y tiempo—, las cuatro direcciones, las cuatro estaciones, los cuatro elementos y los cuatro palos de los arcanos menores.
- La carta de El Mundo se corresponde con Saturno, el planeta de los anillos. La reina lleva su símbolo en una

cadena alrededor del cuello. Mientras los anillos de Saturno sugieren limitaciones y restricciones, también delinean límites que pueden ayudarnos a definir nuestra posición y a relacionarnos con los demás sin perder nuestra propia individualidad. En otras palabras, los límites de Saturno no solo nos confinan: nos definen.

- ⋄ La reina está usando un péndulo en el que aparece la letra hebrea *tav*, que significa «cruz». Históricamente, tanto Saturno como el mundo terrenal han sido simbolizados por una cruz cuyos brazos tienen la misma longitud (como el signo más), que simboliza la intersección de la mente y el cuerpo, el cielo y la tierra y los cuatro signos fijos del Zodiaco.

Magia práctica

La mujer de la carta de El Mundo está usando un péndulo para hacer magia en la Academia Mandrágora. Los péndulos son verdaderamente fáciles de usar. Solo tienes que sostenerlo de forma que cuelgue de la punta de tus dedos. Asegúrate de que está inmóvil, y luego pídele que te muestre en qué dirección se moverá para el «sí» y para el «no».

Normalmente el péndulo indicará su respuesta de varias maneras. Lo más habitual es que sea del siguiente modo:

- ⋄ Sí: arriba y abajo, como alguien asintiendo con la cabeza.
- ⋄ No: de un lado a otro, como alguien negando con la cabeza.
- ⋄ Quizá: un movimiento diagonal del lado inferior izquierdo al superior derecho.

- No quiere responder: un movimiento diagonal del lado inferior derecho al superior izquierdo.
- Probablemente sí: un círculo en el sentido de las agujas del reloj.
- Probablemente no: un círculo en el sentido contrario a las agujas del reloj.

Los péndulos no se limitan solo a preguntas cerradas, cuya única respuesta sea sí o no. Si estás buscando un objeto perdido, mantenlo sobre un mapa del área en la que estás buscando. Si estás intentando decidir la fecha de un acontecimiento importante, coloca el péndulo sobre un calendario. Y si lo que quieres es seleccionar cartas para una lectura de tarot, disponlas en forma de abanico y pasa el péndulo por encima de la baraja.

La tirada de los siete planetas de El mundo

Esta variación de una vieja tirada gitana puede leerse tanto vertical como horizontalmente. Incorpora el simbolismo de los siete antiguos planetas, todos los que pueden verse desde la Tierra sin la ayuda de un telescopio.

- Sol: tu imagen de ti mismo.
- Luna: tus emociones.
- Mercurio: tus pensamientos.
- Venus: tu vida amorosa.
- Marte: tu energía e impulsos.
- Júpiter: tu suerte.
- Saturno: tus limitaciones.

ARCANOS MAYORES

	Sol	Luna	Mercurio	Venus	Marte	Júpiter	Saturno
Futuro	15	16	17	18	19	20	21
Presente	8	9	10	11	12	13	14
Pasado	1	2	3	4	5	6	7

Los Arcanos Menores

Los Arcanos Menores

Ahora que hemos hecho un recorrido por los Arcanos Mayores, ha llegado el momento de poner la teoría en práctica.

Las cartas de los Arcanos Mayores te presentaron a los profesores de la Academia Mandrágora, y las lecciones que enseñan. Las de los arcanos menores representan a estudiantes, como tú, practicando magia en los recintos de la Academia Mandrágora.

Los arcanos menores deberían resultarte familiares, ya que están estructurados como una baraja normal de naipes. Se divide en cuatro palos –bastos, copas, espadas y pentáculos–, que se corresponden con los cuatro territorios de la experiencia humana –el espiritual, el emocional, el intelectual y el físico–, con los cuatro elementos –fuego, agua, aire y tierra– y con las cuatro estaciones, que a su vez se corresponden con el primer curso de estudios mágicos tradicional, que dura un año y un día.

Con el tiempo probablemente llegarás a descubrir que te sientes más identificado con uno de los palos y querrás enrolarte en una escuela especializada de magia basada en sus principios. No obstante, antes de decidir, deberías tomarte un tiempo para familiarizarte con los cuatro.

La escuela de Bastos

Los estudiantes de la escuela de Bastos son vigorosos y ardientes, como su elemento. No es de extrañar que a menudo su magia incorpore fuego, humo, relámpagos, luces y poderosas descargas eléctricas. Tienen una capacidad mágica excepcional, y con frecuencia pueden realizar poderosos conjuros y hechizos usando únicamente su pensamiento consciente (o inconsciente) y su voluntad. Son extraordinariamente valientes. Asimismo, son los estudiantes más impulsivos, y a menudo tienen que esforzarse por desarrollar su autocontrol al tiempo que aprenden a usar inteligentemente las habilidades mágicas. Su color es el rojo; las chicas visten chalecos y los chicos túnicas de ese color. Su símbolo es el león y su guardián elemental, la salamandra.

La escuela de Copas

Los estudiantes de la escuela de Copas están especializados en la magia del agua, indicada para los temas amorosos, de amistad, de sanación y sentimentales. Se sienten cómodos con el elemento agua en todas sus formas: líquido, vapor, niebla y hielo. Son comprensivos e intuitivos por naturaleza, con frecuencia son capaces de leer los pensamientos y las emociones de los demás y son los estudiantes más emocionales. A menudo tienen que aprender a dominar sus emociones, a protegerse del entorno y a expresarse claramente con sus amigos y miembros de su familia que no han desarrollado tanto como ellos las dotes telepáticas. Su color es el azul; las chicas visten chalecos y los chicos túnicas de ese color. Su símbolo es un ángel y su guardián elemental, la ninfa.

La escuela de Espadas

Los estudiantes de la escuela de Espadas destacan por su aguda inteligencia. Poseen las dotes del intelecto, el análisis lógico y la capacidad verbal. En su magia están presentes el viento, los truenos y los cambios de presión atmosférica. Tienen un gran talento para la comunicación escrita u oral, y una comprensión innata del poder de las palabras y la capacidad racional requerida para sacarle todo el provecho al lenguaje. Desgraciadamente, también pueden ser los menos empáticos y comprensivos, e incluso innecesariamente crueles. Su color es amarillo; las chicas visten chalecos y los chicos túnicas de ese color. Su símbolo es un águila y su guardián elemental, la sílfide.

La escuela de Pentáculos

Los estudiantes de la escuela de Pentáculos son magos físicamente poderosos que pueden dominar con facilidad el mundo de la materia. Están en sintonía con la naturaleza, lo que les hace sentir una afinidad natural con el mundo vegetal y la magia de las hierbas y las plantas. Sin embargo, también son los menos estudiosos de la Academia Mandrágora. En lugar de leer libros o escuchar conferencias, prefieren aprender practicando. Su color es el verde; las chicas visten chalecos y los chicos túnicas de ese color. Su símbolo es un toro y su guardián elemental, el gnomo.

Magia numérica

Las cartas numeradas de cada palo pueden leerse como una secuencia de eventos. El as significa un nuevo comienzo y el diez representa la conclusión.

1. El uno es el primer número, por lo que simboliza el liderazgo y los principios.
2. El dos representa la dualidad y las elecciones, los pares, las combinaciones y las colaboraciones.
3. El tres simboliza la creación: el resultado de dos fuerzas trabajando en combinación para crear una tercera entidad. El número tres puede también representar cuerpo, mente y espíritu, o pasado, presente y futuro.
4. El cuatro indica estructura y estabilidad. Hay cuatro dimensiones, direcciones cardinales, estaciones, vientos, fases de la luna, elementos y palos de tarot.
5. El cinco representa un punto intermedio en la progresión del uno al diez, un punto de inflexión que puede parecer repleto de conflictos, crisis o confusión. Hay cinco puntas en una estrella y cinco sentidos físicos.
6. El seis simboliza el sexto sentido (la capacidad psíquica) así como las seis direcciones del espacio: izquierda, derecha, delante, detrás, arriba y abajo.
7. El siete es un número místico. Hay siete metales alquímicos, planetas visibles, días de la semana, notas de la escala musical, colores del arcoíris y chakras mayores.
8. El ocho representa al infinito, porque se parece a la lemniscata, su símbolo. Hay ocho puntos en la Rueda del Año.
9. El nueve simboliza el altruismo, la compasión y la humanidad, ya que es el número de meses de un embarazo.
10. El diez es el número de la culminación, la conclusión y la perfección. Cuando nacen los niños, los padres inmediatamente le cuentan los dedos de las manos y los pies. Hay diez esferas en el Árbol Cabalístico de la Vida y diez cartas numeradas en cada palo de los arcanos menores.

As de Bastos

Poder mágico

El As de Bastos es una carta de pasión espiritual e iluminación.

Amuleto mágico

Concéntrate en esta carta esta carta cuando quieras inspirarte.

Símbolos clave

- ❖ El As de Bastos es la primera carta del palo de bastos, que se corresponde con el elemento fuego y el mundo espiritual de las pasiones y los ideales.
- ❖ El símbolo predominante es una vara mágica, tallada en la rama de un árbol. Es ardiente y flota en el aire. Es grande y lo bastante detallada para emplearla, en lugar de una vara de verdad, durante las visualizaciones y rituales.
- ❖ La vara está coronada con un cristal claro de cuarzo canalizador, que sirve de punto central de enfoque natural.
- ❖ Es un símbolo masculino, fálico. Cuando el As de Bastos aparece en una lectura, se refiere a la excitación y a la inseminación, en sentido literal o metafórico.
- ❖ Está rodeada de símbolos ardientes de pasión e inspiración: llamas, un campo eléctrico y descargas de relámpagos.
- ❖ Diez chispas ardientes, formando la letra hebrea *yod*, simbolizan los diez estadios cabalísticos de formación. Los *yods* están dispuestos en la forma del Árbol Cabalístico de la Vida: un modelo místico de creación.
- ❖ Astrológicamente el As de Bastos está asociado con todos los poderes del fuego. Los símbolos de los signos de fuego de Aries, Leo y Sagitario están tallados en la vara.
- ❖ Hay también una salamandra en la vara, justo bajo el extremo de cristal. Las salamandras son las criaturas

elementales del fuego; como se las suele ver salir corriendo de los leños y maderos ardiendo, antiguamente se creía que nacían de las llamas.

✧ La salamandra está ascendiendo hacia la parte superior de la vara, al igual que los buscadores espirituales y místicos intentan ascender por el Árbol Cabalístico de la Vida.

✧ El tono rosado de las nubes hace referencia al amanecer de un nuevo día. Todos los ases representan nuevos comienzos, y el As de Bastos simboliza un nuevo comienzo en la vida espiritual.

✧ Los árboles y las flores se hallan en plena floración porque el palo de bastos se asocia con la estación del verano.

✧ Todos los ases representan promesa y posibilidad puras. Contienen un potencial ilimitado: todas las cartas siguientes de cada palo nacen de este único punto de partida.

Dos de Bastos

Poder mágico
El Dos de Bastos es una carta de visión y planificación.

Amuleto mágico
Céntrate en esta carta cuando quieras llevar un proyecto del reino de las ideas al mundo real.

Símbolos clave

- El Dos de Bastos representa a un estudiante concentrando su energía en un nuevo plan de acción.
- Ha convertido las chispas del As de Bastos en una bola de fuego.
- La bola de fuego simboliza el poder y el dominio sobre el mundo espiritual.
- Sugiere asimismo un elemento de riesgo y peligro, porque el estudiante está jugando con fuego. Podría estar haciendo juegos malabares con ella o haciéndola levitar con el poder de su mente.
- Tiene las manos extendidas con las palmas hacia arriba. Es capaz de dar y de recibir.
- Está sentado en una almena, un muro bajo que señala protección y una posición defensiva.
- Las dos antorchas ardiendo a ambos lados sugieren equilibrio y colaboración.
- El joven está vestido de rojo, el color elemental del fuego. Indica que es enérgico y entusiasta, y que está practicando la magia del fuego
- Está representado bajo un cielo de verano, porque el palo de bastos se corresponde con esta estación.

Tres de Bastos

Poder mágico
El Tres de Bastos es una carta de expectativas y esperanza.

Amuleto mágico
Céntrate en esta carta cuando quieras lanzar una nueva creación en el mundo o embarcarte en una nueva empresa.

Símbolos clave

- La joven de la carta se encuentra de pie sobre un risco cubierto de hierba, mirando un barco.
- Los cielos son azules, el mar está sosegado y la navegación es tranquila para quien esté manejando el barco. Desde donde vemos la escena, sin embargo, no sabemos si el barco sale o regresa al muelle.
- Simbólicamente las embarcaciones son navíos de aprendizaje, juego y exploración. Transportan gente e ideas de una tierra a otra.
- A menudo el Tres de Bastos representa nuevos negocios y empresas, y parece como si esta joven estuviera esperando a que llegara su barco. Ha lanzado una idea al mundo, y aguarda para ver qué rendimientos obtendrá por su inversión de tiempo y energía.
- En algunos casos, esta carta puede representar especulación y riesgo. Puede tratarse de una apuesta bien planeada y la esperanza de una recompensa que valdrá la pena el riesgo.
- Mientras mira al mar, la joven da la espalda a las tres varas. Ya no tiene que vigilar el fuego porque sabe que han prendido. Puede sentir el calor en la espalda.
- Va vestida de rojo, el color elemental del fuego. Esto indica que es vigorosa, que está llena de entusiasmo y que practica la magia del fuego.
- Se la representa en un paisaje de verano porque el palo de bastos se corresponde con esta estación.

Cuatro de Bastos

Poder mágico
El Cuatro de Bastos es una carta de colaboración.

Amuleto mágico
Céntrate en esta carta cuando quieras formar una alianza o embarcarte en una empresa conjunta.

Símbolos clave

- ⋄ Bajo un dosel iluminado por el fuego, dos estudiantes de la escuela de Bastos comienzan un baile.
- ⋄ Él está haciendo una reverencia y ella una inclinación, como muestra de consideración y respeto mutuo.
- ⋄ Se encuentran en el centro de un círculo mágico, que simboliza protección y concentración. Los círculos también representan unidad e integridad.
- ⋄ Las cuatro direcciones cardinales están marcadas por antorchas encendidas.
- ⋄ El mosaico de ocho puntas del suelo recuerda a la Rueda del Año.
- ⋄ El diseño de estrella del centro del mosaico parece una rosa de los vientos, una guía para la orientación del cartógrafo.
- ⋄ El baile es un movimiento sincronizado a través del tiempo y el espacio. Algunos bailes están coreografiados. Algunos son rituales. La mayoría se hacen en las celebraciones.
- ⋄ Este en concreto podría ser un ensayo, destinado a ayudar a la pareja a practicar los pasos y encontrar su equilibrio. Aunque el baile puede llevar a la amistad y al idilio, la mayoría de los bailarines pasan por docenas de parejas antes de encontrar a su media naranja.
- ⋄ También pudiera ser que la pareja se estuviera preparando para una actuación frente al público. Con la suficiente práctica sus movimientos tendrán una apariencia grácil y natural. Solo otros bailarines comprenderán cuánto tiempo y esfuerzo invirtieron en su preparación.

- Ambos están vestidos de rojo, el color elemental del fuego. Indica que son vigorosos y entusiastas, y que están practicando la magia del fuego.

Cinco de Bastos

Poder mágico

El Cinco de Bastos es una carta de trabajo en equipo.

Amuleto mágico

Céntrate en esta carta cuando quieras trabajar eficazmente con un grupo de gente.

Símbolos clave

- ⟡ Cinco jóvenes apuntan sus varas mágicas a una hoguera que arde en un pequeño círculo de piedra.
- ⟡ De las varas salen chispas, pero es difícil ver si están consiguiendo algo más. ¿Están intentando encender un fuego o apagarlo?
- ⟡ La imagen sugiere cooperación y buena voluntad, pero también señala la necesidad de una sincera evaluación de la situación.
- ⟡ Cada estudiante tiene una visión distinta de ella, y ninguno puede ver la perspectiva general sin dar un paso atrás
- ⟡ Cada vara tiene un color distinto, porque cada estudiante posee un don o talento único que aportar.
- ⟡ Las cinco varas también simbolizan los cinco sentidos: la vista, el olfato, el gusto, el tacto y el oído.
- ⟡ Los estudiantes tendrán que coordinar sus esfuerzos para alcanzar sus metas. La situación puede requerir que un miembro del grupo asuma una posición de liderazgo y responsabilidad.
- ⟡ Van vestidos de rojo, el color elemental del fuego. Indica que son vigorosos y entusiastas, y que practican la magia del fuego.

Seis de Bastos

Poder mágico
El Seis de Bastos es una carta de liderazgo y valentía.

Amuleto mágico

Céntrate en esta carta cuando quieras dominar los principios de liderazgo o mejorar tus habilidades para hablar en público.

Símbolos clave

- ⋄ Hay una joven en un escenario hablándole a un grupo de estudiantes. Está aprendiendo a improvisar sobre la marcha.
- ⋄ Está alumbrada por seis antorchas encendidas que simbolizan su visibilidad pública.
- ⋄ Se ha situado frente a una ventana abierta, enmarcada por hojas de laurel, lo que significa victoria, honor y aclamación.
- ⋄ Sin embargo, esta ventana la hace vulnerable a ataques de todos los frentes. Los líderes no pueden esconderse en el escenario ni desaparecer mezclándose con la muchedumbre.
- ⋄ Hablar en público puede ser un reto, incluso para los más valientes, pero con frecuencia los grandes riesgos conllevan recompensas aún mayores. El Seis de Bastos simboliza el respeto y el reconocimiento de la comunidad como consecuencia del papel de liderazgo.
- ⋄ Aunque la joven es el centro de atención, la muchedumbre se ha girado momentáneamente para mirar a alguien que está haciendo una pregunta. Se supone que los líderes tienen que explicar y defender continuamente sus posiciones.
- ⋄ Por otro lado, los ciudadanos deben educarse y participar en el proceso de gobierno. La interacción demuestra

que a cada derecho le corresponde una medida proporcional de responsabilidad.
- ✧ Las cortinas de color rojo vivo del escenario ofrecen un fondo de fuego y energía.
- ✧ La joven está vestida de rojo, el color elemental del fuego. Esto indica que es enérgica y entusiasta, y que practica la magia del fuego.

Siete de Bastos

Poder mágico
El Siete de Bastos es una carta de valor y determinación.

Amuleto mágico
Céntrate en esta carta cuando quieras defender tu posición y mantener a raya a quienes te desafían.

Símbolos clave

- ✧ Un joven se encuentra en lo alto de una cuesta y mira a una muchedumbre enfebrecida.
- ✧ La muchedumbre está avanzando hacia su posición; llevan antorchas encendidas y piden su cabeza a gritos.
- ✧ Puede que él sea el objeto de su ira, pero también podría ser su líder. En cualquiera de los dos casos, su postura es firme. Es el rey de la colina.
- ✧ La carta simboliza valor, determinación y pensamiento creativo, incluso en circunstancias muy adversas y en un terreno de juego desigual.
- ✧ El joven está luchando desde una posición de poder: tiene ambos pies firmemente asentados en la tierra, mientras que la muchedumbre parece que está subiendo por una cuesta resbaladiza.
- ✧ Viste de rojo, el color elemental del fuego. Indica que es enérgico y entusiasta, y que practica la magia del fuego.
- ✧ Aparece descrito en un paisaje estival porque el palo de bastos se corresponde con la estación del verano.

OCHO DE BASTOS

PODER MÁGICO
El Ocho de Bastos es una carta de mensajes de larga distancia y de comunicación instantánea.

Amuleto mágico

Céntrate en esta carta cuando quieras comunicar algo de forma rápida y eficaz.

Símbolos clave

❖ Ocho antorchas ardiendo vuelan sobre un cielo nocturno estrellado. A primera vista parecen escobas, excepto que no hay nadie montándolas.

❖ Las varas refulgen como relámpagos contra el fondo de la noche. Simbolizan la velocidad y la comunicación.

❖ En la distancia pueden verse el edificio y las torres de la Academia Mandrágora, que representa una base de operaciones de envío y recepción de mensajes, donde los estudiantes pueden aprender a comunicarse eficazmente.

❖ La brillante luna nueva simboliza una nueva ronda de comunicación.

❖ Tradicionalmente el Ocho de Bastos va asociado a los viajes largos, así como a la llegada de cartas y comunicaciones que vienen de lejos. Aunque los tiempos han cambiado, el significado de la carta sigue manteniéndose: a pesar de que hemos reemplazado algún viaje con teleconferencias, seguimos comunicándonos a través de largas distancias.

❖ La imagen sugiere también mensajes que vuelan a la velocidad de la luz, a la velocidad del pensamiento. De hecho ahora podemos, gracias a las tecnologías, intercambiar información en tiempo real.

Nueve de Bastos

Poder mágico

El Nueve de Bastos es una carta de planes y perseverancia.

Amuleto mágico

Céntrate en esta carta cuando quieras defender tu posición y proteger tus bienes.

Símbolos clave

- ⬥ Una joven se encuentra en un semicírculo formado por nueve antorchas ardiendo.
- ⬥ Ha marcado su territorio y adoptado una posición. Ha organizado sus ideas y alineado sus objetivos.
- ⬥ Pisa la tierra firmemente con ambos pies. Su postura es casi militar. Tiene ambas manos en una de las antorchas y puede usarla como arma si fuera necesario.
- ⬥ Está claramente en guardia. Permanece alerta y examina el paisaje en una actitud vigilante. Está lista para cualquier desafío que se presente, y parece determinada y decidida a no ceder terreno.
- ⬥ Viste de rojo, el color elemental del fuego. Esto indica que es enérgica y entusiasta, y que practica la magia del fuego.
- ⬥ Se la representa en medio de un paisaje estival, porque el palo de bastos se corresponde con la estación del verano.

Diez de Bastos

Poder mágico
El Diez de Bastos es una carta de desafío y organización.

Amuleto mágico
Céntrate en esta carta cuando quieras ser más eficiente.

Símbolos clave

- Un joven avanza por el exterior de las instalaciones con una carga de diez antorchas encendidas.
- Lleva la espalda doblada y encorvada por el esfuerzo. Claramente es una carga excesiva para él.
- Su trabajo es muy duro, porque la carga que lleva está desequilibrada.
- Puede que el joven se haya cargado más de lo que puede simplemente por su juventud e inexperiencia.
- También podría ser que estuviera acarreando el peso de otro.
- La tarea podría ser incluso una prueba de su fuerza y sus capacidades. Sin embargo, en cualquiera de los dos casos, tiene que asumir su responsabilidad y aceptar su carga de trabajo.
- La buena noticia es que la ayuda se halla muy cerca. Solo tiene que gritar para que le oigan desde la Academia Mandrágora, donde encontrará orientación, consejo y gente con la que compartir el trabajo.
- El joven está vestido de rojo, el color elemental del fuego. Esto indica que es enérgico y entusiasta, y que practica la magia del fuego.
- Aparece representado en un paisaje estival porque el palo de bastos se corresponde con la estación del verano.

AS DE COPAS

PODER MÁGICO

El As de Copas es una carta representativa de las emociones que fluyen.

Amuleto mágico

Céntrate en esta carta cuando quieras lanzarte a una nueva relación.

Símbolos clave

- ❖ El As de Copas es la primera carta del palo de copas, que se corresponde con el elemento agua y el mundo de las emociones y las relaciones con amigos, familiares y parejas sentimentales.
- ❖ El símbolo predominante es un cáliz de plata flotando en el aire, grande y lo bastante detallado para sustituir a una copa real en las visualizaciones y rituales.
- ❖ La copa es un símbolo nutricio, como una matriz; en el interior de sus profundidades misteriosas, la nueva vida puede nutrirse y mantenerse hasta que esté lista para salir al mundo. Cada vez que el As de Copas aparece en una lectura, nos habla de fertilidad y creatividad.
- ❖ Las inscripciones de los símbolos acuáticos de Cáncer, Escorpio y Piscis están grabadas bajo el borde de la copa.
- ❖ El símbolo del agua, un triángulo invertido, puede verse grabado en el pie.
- ❖ Una grácil ninfa, la criatura elemental del agua, salta de la copa y se sumerge en el lago que hay debajo. Su pelo es azul, como el color de su elemento.
- ❖ Las aguas del lago reflejan el azul del cielo, porque las copas son refractantes. Puedes mirar dentro de ellas y ver todo un mundo bajo las aguas. Un cáliz de plata lleno de agua o vino puede usarse para la adivinación.

- Las copas son símbolos de ritual y celebración. Las usamos para adorar, para brindar con los demás, y para ahogar nuestras penas.
- El As de Copas es el aspecto femenino del As de Bastos. Está abierto y receptivo.
- Las hojas de los árboles presentan fuertes colores naranjas y rojos, porque el palo de copas se asocia a la estación del otoño.

Dos de Copas

Poder mágico

El Dos de Copas es una carta de promesa y amor juvenil.

Amuleto mágico

Céntrate en esta carta cuando quieras empezar un nuevo idilio o insuflar nueva vida a una relación existente.

Símbolos clave

- ⋄ Dos estudiantes están cara a cara y levantan sus copas plateadas en un brindis.
- ⋄ Se hallan en medio de un prado brumoso, un escenario agradable que insinúa el carácter caprichoso de la naturaleza.
- ⋄ Tras ellos, un sol cubierto de niebla empieza a hundirse en el cielo, dejando paso a la luna. El sol y la luna simbolizan lo masculino y lo femenino, la acción y la reflexión, y las dinámicas de una relación.
- ⋄ La pareja es joven e inexperta. Este es probablemente el primer amor para ambos, lo que significa que un mundo enteramente nuevo está a punto de surgir para ellos.
- ⋄ Los dos visten de azul, el color elemental del agua. Esto indica que son emocionales y profundos, y que practican la magia del agua.
- ⋄ Aparecen en un paisaje otoñal porque el palo de copas se corresponde con esta estación.

Tres de Copas

Poder mágico
El Tres de Copas es una carta de amistad y agradecimiento.

Amuleto mágico
Céntrate en esta carta cuando quieras desarrollar amistades más íntimas y cercanas.

Símbolos clave

- Hay tres estudiantes juntas que alzan al cielo sus copas plateadas.
- Están celebrando una buena cosecha, que podría ser literal o simbólica.
- Han cosechado varias cestas de verduras otoñales: patatas, cebollas, calabazas y calabacines. El palo de copas se corresponde con el otoño.
- Son como una versión contemporánea de las tres Gracias, las míticas hermanas de la Grecia clásica. Aglaya, cuyo nombre significa «belleza», era «la que daba». Eufrósine, cuyo nombre significa «dicha», era «la que recibía». Y Talía, cuyo nombre significa «abundancia», era «la que devolvía».
- Van vestidas de azul, el color elemental del agua. Esto indica que son emocionales y profundas, y que practican la magia del agua.

Cuatro de copas

Poder mágico

El Cuatro de Copas es una carta de dones y oportunidades.

El Tarot de los Magos

Amuleto mágico

Céntrate en esta carta cuando quieras sacar provecho de oportunidades que de otra forma podrías dejar pasar.

Símbolos clave

- Un joven estudiante de aspecto triste está sentado bajo un árbol ignorando una copa de plata que se está materializando por arte de magia en una nube a su derecha.
- Las nubes representan el velo entre el cielo y la tierra; la copa etérea que se está materializando es un regalo de otro mundo.
- El roble que hay tras él simboliza la fuerza y la perseverancia.
- El joven parece no darse cuenta de la copa flotante. En lugar de eso, contempla con la mirada perdida las tres copas de plata dispuestas frente a él sobre la hierba. Por alguna razón, no le satisfacen. Parece desilusionado, decepcionado y desencantado. Esa podría ser la explicación de por qué ignora la ofrenda que completa las cuatro copas.
- El joven viste de azul, el color elemental del agua. Esto indica que es emocional y profundo, y que es un estudiante de magia acuática.
- Aparece representado en un paisaje otoñal, porque el palo de copas se corresponde con esta estación.

Cinco de Copas

Poder mágico
El Cinco de Copas es una carta de pérdida y desilusión.

Amuleto mágico
Céntrate en esta carta cuando quieras recuperarte de una pérdida o de una decepción.

Símbolos clave

✧ Una estudiante se encuentra en la ribera de un río; a lo lejos se ve el edificio de la Academia Mandrágora.

✧ Mira con tristeza las tres copas de plata que se han caído. El agua que contenían se derrama en el río, como una libación para los dioses.

✧ La imagen nos trae a la mente el viejo dicho: «No tiene sentido llorar por la leche derramada». Aun así, esta agua, en concreto, representa un sacrificio o una deficiencia.

✧ No todo está perdido, sin embargo: dos copas permanecen de pie.

✧ La joven viste de azul, el color elemental del agua. Esto indica que es emocional y profunda, y que es una estudiante de magia acuática.

✧ Se la representa en un paisaje otoñal, porque el palo de copas se corresponde con esta estación.

Seis de Copas

Poder mágico

Esta es una carta de nostalgia y recuerdos felices.

Amuleto mágico

Céntrate en esta carta cuando quieras reunirte con una antigua pareja o con un amigo de la infancia.

Símbolos clave

- ✧ Dos de los más jóvenes estudiantes de la Academia Mandrágora juegan a la pelota en la zona exterior, llena de maceteros y de jardines floridos.
- ✧ El jardín está rodeado por un alto cerco. Como una valla o un muro, simboliza la protección del mundo que los rodea.
- ✧ Los niños están limpios, adecuadamente vestidos y alimentados, felices y sanos. Obviamente los quieren y los cuidan bien.
- ✧ El Seis de Copas sugiere nostalgia, no solo de la niñez y de la inocencia, sino también de los días despreocupados de la juventud.
- ✧ Esta carta puede indicar reuniones o referirse a la relación con los hermanos, sobrinos o nietos.
- ✧ Los niños visten de azul, el color elemental del agua.

Siete de copas

Poder mágico
El Siete de Copas es una carta de esperanzas y sueños.

Amuleto mágico

Céntrate en esta carta cuando quieras practicar la visualización creativa, o cuando debas elegir entre una amplia variedad de opciones.

Símbolos clave

- ⟡ Un estudiante sueña despierto y parece absorto en la visión de siete copas de plata. Tiene la cabeza en las nubes.
- ⟡ Mira con atención, y verás que las nubes en realidad surgen de su mano derecha.
- ⟡ Las copas contienen símbolos de siete cartas de los arcanos mayores: el caballo de El Sol, la lemniscata de El Mago, las cabezas de La Emperatriz y La Gran Sacerdotisa, y la corona y los lazos de El Mundo, La Rueda de la Fortuna y La Torre.
- ⟡ Cada uno de los símbolos es un recordatorio de que debes tener cuidado con lo que deseas: la visualización creativa conduce a la manifestación en el plano material.
- ⟡ La carta simboliza sueños, imaginación y deseo, y advierte, en algunos casos, de la importancia del buen juicio y las decisiones bien fundamentadas.
- ⟡ El joven viste de azul, el color elemental del agua. Esto indica que es sentimental y profundo, y que está practicando la magia del agua.

Ocho de Copas

Poder mágico

El Ocho de Copas es la carta del peregrino y el buscador.

Amuleto mágico

Céntrate en esta carta cuando quieras encontrar objetos perdidos, finalizar una antigua misión o embarcarte en un retiro espiritual.

Símbolos clave

- ✧ Un joven se aleja de ocho copas de plata dispuestas en forma de pirámide, con un hueco en el centro que amenaza la estabilidad de la estructura.
- ✧ Simbólicamente las copas representan una vida que parece estar cuidadosamente ordenada y arreglada, con la excepción de la pieza que falta.
- ✧ Puede que el joven haya salido a buscarla o que haya abandonado el proyecto, incapaz de completarlo o reacio a hacerlo.
- ✧ Su bastón de caminante sugiere que está planeando un largo viaje.
- ✧ Viste de azul, el color elemental del agua. Esto indica que es emotivo y profundo, y que está practicando la magia del agua.
- ✧ Se le representa en un paisaje otoñal, porque el palo de copas se corresponde con esta estación.

Nueve de Copas

Poder mágico

El Nueve de Copas es una carta de fiestas y reuniones sociales.

Amuleto mágico

Céntrate en esta carta cuando quieras hacer una celebración o invitar a alguien.

Símbolos clave

- ✧ Una joven sonriente da la bienvenida a los invitados a una mesa dispuesta para nueve comensales. Es una anfitriona cálida y amable.
- ✧ De momento las copas están vacías, pero la fiesta acaba de empezar. La risa y la conversación están a punto de comenzar a fluir.
- ✧ Las ventanas tras ella presentan un motivo circular, que simboliza cercanía y comunidad.
- ✧ El color rojo de las cortinas sugiere emoción y entusiasmo.
- ✧ La joven está vestida de azul, el color elemental del agua. Esto indica que es emotiva y profunda, y que está practicando la magia del agua.

Diez de Copas

Poder mágico

El Diez de Copas es una carta de lazos estrechos y conexión.

Amuleto mágico

Céntrate en esta carta cuando quieras crear una familia o fortalecer tus lazos de sangre.

Símbolos mágicos

- ✧ Una familia feliz (madre, padre, hijo e hija) contempla una constelación estelar de diez copas de plata en el cielo nocturno.
- ✧ La carta simboliza las bendiciones de la pareja, así como la seguridad, protección y satisfacción del amor verdadero.
- ✧ La familia de cuatro miembros simboliza un cuaternario, cuatro seres independientes que, combinados, forman un todo, de manera similar a las agrupaciones de las cartas de la corte.
- ✧ Las copas están dispuestas en forma de arcoíris, un signo de felicidad. Los arcoíris representan la luz del sol tras la lluvia, así como una promesa o pacto de fidelidad y confianza.
- ✧ La familia aparece en un paisaje otoñal, porque el palo de copas se corresponde con esta estación.

As de Espadas

Poder mágico

El As de Espadas es la carta de una toma de decisiones rápida y segura.

Amuleto mágico

Céntrate en esta carta cuando quieras pensar más claramente y comunicarte de forma más eficaz o ir directamente al fondo del asunto.

Símbolos clave

- ⟡ El As de Espadas es la primera carta del palo de espadas, que se corresponde con el elemento aire y la esfera intelectual del pensamiento y la comunicación.
- ⟡ El símbolo predominante es una espada plateada que flota en el aire. Es grande y lo suficientemente detallada como para sustituir a una espada real durante las visualizaciones y rituales.
- ⟡ Las inscripciones de los signos de aire de Géminis, Libra y Acuario están grabadas en la hoja.
- ⟡ El símbolo del aire, un triángulo con una línea horizontal, aparece grabado en la empuñadura.
- ⟡ La punta de la espada es transparente, ya que está hecha de aire.
- ⟡ Una sílfide alada, la criatura elemental del aire, vuela tras la espada. Su cabello es amarillo, como el color de su elemento. Es una especie de hada, una criatura de apariencia mágica, con alas brillantes y tornasoladas.
- ⟡ La espada es un símbolo masculino, fálico. Cada vez que aparece en una lectura, anuncia acción y emoción.
- ⟡ El As de Espadas es también un arma, lo que significa que puede usarse para el ataque o la defensa. Varias cartas de este palo describen imágenes de conflicto y confrontación. Es importante tener en cuenta, no obstante, que muchos de esos conflictos existen solo en el plano mental.

- La palabra también representa la capacidad de atravesar las nubes de la confusión, de rasgar el velo del misterio y de limpiar el aire.
- El paisaje es de un frondoso verde primaveral, porque el palo de espadas está asociado con esta estación.

Dos de espadas

Poderes mágicos
El Dos de Espadas es la carta del desafío y la iniciación.

Amuleto mágico
Céntrate en esta carta cuando tengas que tomar una decisión difícil.

Símbolos clave

- Una joven está sentada a la orilla de un río con los brazos cruzados sobre el pecho y dos espadas apoyadas sobre los hombros.
- Es una mujer equilibrada, pacífica y sosegada. Además tiene los ojos vendados. En algunas sociedades secretas se les suelen vendar los ojos a los iniciados como símbolo de su ceguera espiritual.
- Compensa la pérdida de visión centrándose en sus otros sentidos: la sensación de la brisa en su espalda y en su pelo, los sonidos de las criaturas de la noche y la fragancia del entorno natural que la rodea.
- Sobre ella se alza un cielo oscuro y nublado, iluminado únicamente por la luna creciente.
- La carta simboliza una paz incierta, una frágil alianza y un punto muerto. En algunos casos, sugiere la necesidad de salir de un estancamiento o romper una atadura.
- La joven está vestida de amarillo, el color elemental del aire. Esto indica que es reflexiva y rápida, y que está practicando la magia del aire.
- Aparece en un paisaje primaveral, porque el palo de espadas se corresponde con esta estación.

Tres de Espadas

Poder mágico
El Tres de Espadas es una carta de dolor y angustia.

Amuleto mágico
Céntrate en esta carta cuando quieras prevenir o sanar un corazón roto.

Símbolos clave

- ✧ Un corazón desencarnado flota en un cielo oscuro y nublado.
- ✧ Alguien ha atravesado tres espadas en el corazón. Las horribles heridas de entrada y salida son claramente visibles.
- ✧ La carta simboliza la angustia, el dolor, el abandono y la separación.
- ✧ En ocasiones se refiere a traiciones, infidelidades y divorcio.
- ✧ El número tres suele indicar un proceso creativo. Desgraciadamente, el Tres de Espadas puede también representar una interrupción abrupta de ese proceso, como un aborto o el nacimiento de un niño muerto.

Cuatro de Espadas

Poder mágico

El Cuatro de Espadas es una carta de descanso y recuperación.

Amuleto mágico

Céntrate en esta carta cuando necesites un descanso por exceso de trabajo o de pensamientos.

Símbolos clave

- ✧ Un estudiante duerme la siesta en un banco de granito con un libro abierto sobre el pecho. Sus estudios son claramente agotadores, y se siente abrumado por toda la nueva información que está intentando procesar.
- ✧ De las ramas de un árbol que crece por encima del joven parecen colgar tres espadas. Una cuarta está tallada en la base del banco. La carta puede simbolizar un respiro temporal del deber y la obligación, pero la posición de las espadas indica que esas responsabilidades no han terminado. Simplemente se han suspendido durante un tiempo.
- ✧ El joven está vestido de amarillo, el color elemental del aire. Esto indica que es reflexivo y rápido, y que está practicando la magia del aire.
- ✧ Se le representa en un paisaje primaveral, porque el palo de espadas se corresponde con esta estación.

Cinco de Espadas

Poder mágico

El Cinco de Espadas representa tanto la alegría de la victoria como la agonía de la derrota.

Amuleto mágico

Céntrate en esta carta cuando quieras fomentar la deportividad o recuperarte de una derrota humillante.

Símbolos clave

- ❖ Un estudiante recoge cinco espadas desechadas de una orilla mientras en la distancia otros dos estudiantes abatidos se alejan. Uno de ellos parece estar frotándose la cabeza, incrédulo.
- ❖ La carta representa los dos lados del conflicto: para que uno gane, el otro debe perder, y el ganador se lleva los despojos.
- ❖ El ganador experimentará satisfacción y recompensa. Los perdedores, por su parte, sentirán humillación, remordimiento, pérdida de confianza y su orgullo herido.
- ❖ Obviamente las espadas de la baraja de tarot no son imágenes literales. Pueden representar pensamientos, palabras y desacuerdo intelectual. En este caso, el Cinco de Espadas señala las reglas del juego limpio y la deportividad.
- ❖ El vencedor está vestido de amarillo, el color elemental del aire. Esto indica que es reflexivo y rápido, y que está practicando la magia del aire.
- ❖ Los estudiantes aparecen en un paisaje primaveral, porque el palo de espadas se corresponde con esta estación.

Seis de Espadas

Poder mágico
   El Seis de Espadas es una carta de viaje y descubrimiento.

Amuleto mágico

Céntrate en esta carta para navegar sin problemas por aguas emocionales turbulentas, o cuando quieras garantizar un viaje seguro.

Símbolos clave

- ⟡ Dos estudiantes son los pasajeros de una pequeña embarcación, un contenedor y, al mismo tiempo, un símbolo de la forma humana.
- ⟡ Una figura fantasmal en la parte trasera de la barca la está guiando, impulsándola de una orilla a otra. Representa la orientación y el desplazamiento seguro. Además, se parece a un mítico psicopompo, un barquero que acompañaba a las almas de los recientemente fallecidos por el río del inframundo.
- ⟡ El fondo de la barca ha sido atravesado por seis espadas, que están colocadas verticalmente como pasajeros fantasmales. Parece que nadie las ve.
- ⟡ El agua frente al bote se halla en calma, pero el mar que dejaron atrás está encrespado.
- ⟡ El Seis de Espadas es una carta de transición. Puede representar un viaje literal, una iniciación espiritual, un viaje emocional o una expedición intelectual.
- ⟡ Los estudiantes visten de amarillo, el color elemental del aire. Esto indica que son reflexivos y rápidos, y que están practicando la magia del aire.

Siete de Espadas

Poder mágico

El Siete de Espadas es una carta de sigilo y engaño.

Amuleto mágico

Céntrate en esta carta cuando quieras evitar el robo, el engaño o el descuido. También puedes echar mano de esta carta si necesitas protegerte con una capa metafísica de invisibilidad.

Símbolos clave

- Un personaje de aspecto sospechoso se escabulle de un edificio, llevando cinco espadas. Se mueve sigilosamente escondido bajo las sombras, envuelto en una capa incluso más oscura y rodeado de una niebla baja.
- Este ladrón de la noche está acarreando las espadas por las hojas, en lugar de por las empuñaduras, lo que significa que está arriesgando su propia vida y sus miembros con su fechoría.
- El Siete de Espadas simboliza el engaño, el robo y la pérdida, y la correspondiente sensación de violación e invasión de privacidad.
- Puede ser una carta de advertencia: alguien dejó esas espadas desatendidas.
- No podemos conocer toda la historia solo con esta carta. El estudiante que aparece en ella no tiene por qué ser un ladrón. Podría tratarse del dueño legítimo de las espadas, sorprendido en medio de una acción aparentemente deshonesta. Tal vez solo intente ponerlas a salvo, trasladarlas a un ejercicio de entrenamiento o gastar una broma.
- Sea cual sea el caso, no se está llevando todo lo que tiene a la vista. Deja dos espadas tras él.

OCHO DE ESPADAS

PODER MÁGICO
El Ocho de Espadas es una carta de arresto.

AMULETO MÁGICO
Céntrate en esta carta cuando quieras liberarte de ataduras irracionales o de errores pasados.

Símbolos clave

- Hay una joven sola, atada, con los ojos vendados y rodeada por ocho espadas, como si fuesen las barras de una jaula.
- La carta simboliza frustración, miedo y una sensación de impotencia. También abuso a manos de otros, comportamiento controlador, vulnerabilidad y engaño.
- Aunque el Ocho de Espadas puede representar el hecho de ser una víctima de otros, también puede simbolizar una forma de martirio autoimpuesta.
- Podría ser una llamada a la autonomía y a la realización personal cuando esperar el rescate o la intervención exterior no parece muy prometedor.
- La joven está vestida de amarillo, el color elemental del aire. Esto indica que es normalmente reflexiva y rápida, y una estudiante de la magia del aire.
- Aparece representada en un paisaje primaveral, porque el palo de espadas se corresponde con esta estación.

Nueve de Espadas

Poder mágico

El Nueve de Espadas es una carta de pérdida de sueño y despertar agitado.

Amuleto mágico

Céntrate en esta carta cuando quieras eliminar pesadillas, insomnio y ataques de pánico.

Símbolos clave

- ⟡ Una estudiante permanece sentada erguida en la cama tapándose la cara con las manos. Parece obsesionada y abrumada.
- ⟡ Puede que esté sufriendo por una serie de heridas e injusticias pasadas, o por la agobiante carga de la ansiedad, la preocupación, la sospecha y el miedo.
- ⟡ Su largo camisón blanco sugiere que es la víctima inocente de un destino cruel.
- ⟡ En la profunda negrura de la noche, las nueve espadas de la pared parecen tener un tamaño desmesurado.
- ⟡ Flotan paralelamente a la cama, como peldaños de una escalera. La joven tendrá que salir de la cama para escapar de la oscuridad de la noche.
- ⟡ La cama en sí misma es simbólica. La mayoría de las vidas son concebidas y alumbradas en una cama, y la mayoría de las vidas también terminan en ella.

Diez de Espadas

Poder mágico
El Diez de Espadas es una carta de aniquilación y ruina.

Amuleto mágico
Céntrate en esta carta cuando quieras impedir las habladurías y las traiciones o recuperarte de ellas.

Símbolos clave

- ✧ Un estudiante yace en tierra, bocabajo, atravesado por diez espadas a lo largo de la columna vertebral.
- ✧ La carta simboliza la destrucción y la pérdida, la rotura de las relaciones, la desilusión y la deslealtad. Sin embargo, *no* representa una muerte violenta.
- ✧ En una lectura de tarot, normalmente indica habladurías y traiciones, que en su mayoría no ocurren de una sola vez. El Diez de Espadas significa «muerte producida por mil puñaladas».
- ✧ Desde el punto de vista del estudiante, no hay perspectiva. Puede que sienta que su vida está arruinada. Le hará falta valor para levantarse y volver a vivir.
- ✧ El joven está vestido de amarillo, el color elemental del aire. Esto indica que normalmente es reflexivo y rápido, y que es un estudiante de la magia del aire.
- ✧ Se le representa en un paisaje primaveral, porque el palo de espadas se corresponde con esta estación.

As de Pentáculos

PODER MÁGICO

El As de Pentáculos es una carta de riquezas materiales y espirituales.

Amuleto mágico

Céntrate en esta carta cuando quieras encontrar un nuevo trabajo, hacer una inversión segura, o mejorar tu condición física.

Símbolos clave

- ✧ El As de Pentáculos es la primera carta del palo de pentáculos, que se corresponde con el elemento tierra y con el mundo de la existencia física.
- ✧ El símbolo predominante es un pentáculo de plata, en el que está inscrita una estrella de cinco puntas. Es grande y lo suficientemente detallado para sustituir a un pentáculo real durante las visualizaciones y los rituales.
- ✧ La estrella dentro del círculo también simboliza los cinco sentidos, unidos por el espíritu.
- ✧ Las inscripciones de los signos de tierra (Tauro, Virgo y Capricornio) son parte del diseño.
- ✧ El As de Pentáculos es el aspecto femenino del As de Espadas. Es también un símbolo femenino, receptivo, que a veces sugiere un huevo fertilizado.
- ✧ Un pentáculo es un distintivo de existencia física, al igual que de salud e integridad. Los cinco puntos representan los cinco sentidos, y a la figura se le puede sobreponer la forma de un ser humano de pie con las dos piernas abiertas y los brazos extendidos.
- ✧ Un pentáculo puede simbolizar cualquier cosa que apreciemos: dinero, valores espirituales o tradiciones que pasan de generación en generación. Todo constituye una herencia y un derecho de nacimiento.

- El As de Pentáculos también puede simbolizar ingresos y reconocimiento, quizá como resultado de un nuevo empleo o de un proyecto relacionado con el trabajo.
- El símbolo de la tierra (un triángulo orientado hacia abajo con una línea horizontal) flota en la distancia, justo sobre el muro del jardín.
- Una florida entrada emparrada se abre como invitación a un jardín de deleites terrenales.
- Tras la entrada al jardín, un gnomo marrón retorcido, una criatura elemental de la tierra, vigila el lugar.
- El jardín está situado en un paisaje de suave invierno, repleto de pinos y otros árboles de hoja perenne con las ramas cargadas de nieve. El palo de pentáculos está asociado con esta estación.

Dos de Pentáculos

Poder mágico
El Dos de Pentáculos es una carta de equilibrio y ajuste.

Amuleto mágico
Céntrate en esta carta cuando quieras equilibrar tu presupuesto o tu tiempo.

Símbolos clave

- Un estudiante hace malabarismos con dos monedas, creando una figura en forma de ocho, es decir, una lemniscata, el símbolo del infinito.
- La carta simboliza el acto de equilibrar el tiempo y el dinero.
- También es una representación literal de los vaivenes de la fortuna conforme el dinero va cambiando de dueño.
- Hay un roble alto al fondo que simboliza la fuerza y la resistencia.
- El joven está vestido de verde, el color elemental de la tierra. Esto indica que es estable y permanece enraizado, y que practica la magia de la tierra.
- Aparece en un paisaje invernal, porque el palo de pentáculos se corresponde con esta estación.

Tres de Pentáculos

Poder mágico
El Tres de Pentáculos es una carta de maestría y artesanía.

Amuleto mágico
Céntrate en esta carta cuando quieras encontrar guía, formación y consejo sobre un proyecto creativo.

Símbolos clave

- Un estudiante sujeta un pentáculo de plata con ambas manos y escucha las instrucciones de dos de sus profesores, que a su vez también sostienen pentáculos plateados.
- La carta simboliza el talento y la destreza, además de la orientación y el consejo de mentores experimentados.
- En este caso uno de esos mentores resulta ser el profesor de magia solar. Representa el brillo y el entusiasmo por dedicarte a tu propio oficio.
- El otro guía es la profesora de criaturas acompañantes, que no tiene miedo de mostrar su lado artístico y salvaje.
- El hecho de que ambos profesores se hallen tras el joven, sosteniendo monedas, sugiere también que este cuenta con apoyo financiero.
- El joven está vestido de verde, el color elemental de la tierra. Esto indica que es estable y centrado, y que está practicando la magia de la tierra.

Cuatro de Pentáculos

Poder mágico

El Cuatro de Pentáculos es una carta de frugalidad y autocontrol.

Amuleto mágico

Céntrate en esta carta cuando quieras proteger tus bienes.

Símbolos clave

- Un estudiante sujeta un pentáculo junto al pecho, mientras sostiene otro en equilibrio sobre la cabeza y otros dos yacen en el suelo, bajo sus pies. Estas posiciones sugieren que está protegiendo su mente, su corazón, su cuerpo y su alma.
- Está sentado en una silla de grandes dimensiones, con leones tallados en los brazos. En este momento, la silla le queda muy grande, pero algún día este estudiante podría ser un león de los negocios y las finanzas.
- El Cuatro de Pentáculos puede representar una gran preocupación por las posesiones, una tendencia a acaparar y una reticencia a desprenderse de las pertenencias, incluso a costa del confort físico.
- Puede sugerir también los efectos del aislamiento que el dinero puede provocar en una sociedad en la que se mide a los hombres por su riqueza.
- El joven está vestido de verde, el color elemental de la tierra. Esto indica que es estable y no tiene la cabeza en las nubes, y que practica la magia terrenal.
- Se le representa en un paisaje invernal, porque el palo de pentáculos se corresponde con esta estación.

Cinco de Pentáculos

PODER MÁGICO

El Cinco de Pentáculos es una carta de refugio y alivio.

Amuleto mágico

Céntrate en esta carta cuando quieras un cambio en el tiempo, o cuando desees encontrar refugio en medio de una tormenta espiritual, emocional o intelectual.

Símbolos clave

- ⟡ Dos estudiantes de aspecto andrajoso van de camino a clase, luchando contra la nieve y la ventisca, que sopla en todas direcciones, conforme pasan junto a la ventana brillantemente iluminada de un aula.
- ⟡ El clima es terrible y los estudiantes parecen cansados, hambrientos y muertos de frío. Podríamos incluso aventurar que están casi en la miseria, como muchos estudiantes.
- ⟡ La ventana es una vidriera, y presenta un diseño modificado del Árbol de la Vida. Dentro los dos jóvenes pueden encontrar el calor y la iluminación de la sabiduría, así como los recursos que necesitarán para construir una vida mejor para sí mismos.
- ⟡ Están vestidos de verde, el color elemental de la tierra. Esto indica que son estables y no tienen la cabeza en las nubes, y que practican la magia terrenal.
- ⟡ Están representados en un paisaje invernal, porque el palo de pentáculos se corresponde con esta estación.

Seis de Pentáculos

Poder mágico

El Seis de Pentáculos es una carta sobre donación y caridad.

Amuleto mágico

Céntrate en esta carta cuando quieras recibir el reconocimiento que mereces por un trabajo bien hecho o recibir el pago de deudas atrasadas.

Símbolos clave

- Un estudiante sostiene una balanza en una mano y con la otra deja caer pentáculos del tamaño de monedas en las manos abiertas de otros dos estudiantes.
- Permanece de pie, mientras que sus compañeros se encuentran en el suelo. No mantienen una relación de igualdad.
- La balanza del joven no está perfectamente equilibrada, pero se halla en el proceso de nivelarla.
- Tradicionalmente el Seis de Pentáculos representa la caridad y la justicia.
- El joven de la carta está compartiendo su riqueza. Está propagando la buena voluntad e invirtiendo en el futuro.
- Los estudiantes están vestidos de verde, el color elemental de la tierra. Esto indica que son estables y no tienen la cabeza en las nubes, y que están practicando la magia de la tierra.

Siete de Pentáculos

Poder mágico

El Siete de Pentáculos es una carta de cosecha y recompensa.

Amuleto mágico

Céntrate en esta carta cuando quieras que tus esfuerzos echen raíces y crezcan con el tiempo, o cuando necesites paciencia para esperar tu recompensa.

Símbolos clave

- ⋄ Una joven se apoya en un bastón que parece una especie de vara y mira en actitud contemplativa una planta tupida de bayas invernales.
- ⋄ Podría estar tomándose un breve descanso antes de recoger las bayas, o quizá esté pensando en abandonar la tarea. Se encuentra en un punto intermedio entre el fracaso y el éxito.
- ⋄ Cuando aparece el Siete de Pentáculos en una lectura, probablemente te espere algún tiempo de reposo, una breve pausa mientras aguardas, reflexionas y esperas a que todos tus esfuerzos den fruto. La carta simboliza paciencia, ingenio y recompensa, además de crecimiento en la vida privada y en los negocios.
- ⋄ La joven está vestida de verde, el color elemental de la tierra. Esto indica que es estable y no tiene la cabeza en las nubes, y que practica la magia de la tierra.
- ⋄ Se la representa en un paisaje invernal, porque el palo de pentáculos se corresponde con esta estación.

Ocho de Pentáculos

Poder mágico

El Ocho de Pentáculos es una carta de aprendizaje y destreza.

Amuleto mágico

Céntrate en esta carta cuando quieras ganar dinero con tu vocación o con la carrera que ames.

Símbolos clave

- ⋄ Un estudiante con un cincel y un martillo graba una serie de ocho pentáculos de plata. Es un artista, pero también es un artesano con una vena práctica: está literalmente haciendo dinero.
- ⋄ Aunque sea un aprendiz, su trabajo es bastante bueno para mostrarlo y venderlo, y se siente cómodo con las herramientas en las manos.
- ⋄ La carta simboliza empleo, logros, encargos, esquemas y fechas límite.
- ⋄ El joven está vestido de verde, el color elemental de la tierra. Esto indica que es estable y no tiene la cabeza en las nubes, y que practica la magia de la tierra.

Nueve de Pentáculos

Poder mágico

El Nueve de Pentáculos es una carta de soledad y autocontrol.

Amuleto mágico

Céntrate en esta carta cuando quieras disfrutar tu soledad, o cuando desees comunicarte con animales.

Símbolos clave

- Una estudiante se halla frente a un muro de piedra en el que se han insertado nueve pentáculos.
- Los muros simbolizan protección contra el mundo exterior, y los pentáculos sugieren un cierto nivel de riqueza y confort.
- La joven no se siente sola aunque no haya nadie con ella. Disfruta de unos momentos de tranquilidad.
- Además tiene un halcón amaestrado sobre su guante de cuero. El halcón es un ave de presa (así como un arma de caza notoriamente difícil de dominar) pero ella lo maneja con una facilidad y una gracia naturales. Es su animal acompañante.
- La carta simboliza prudencia, valoración y consecución de una empresa compleja.
- La estudiante está vestida de verde, el color elemental de la tierra. Esto indica que es estable y no tiene la cabeza en las nubes, y que está practicando la magia de la tierra.
- Aparece representada en un paisaje invernal, porque el palo de pentáculos se corresponde con esta estación.

Diez de Pentáculos

Poder mágico

El Diez de Pentáculos es una carta de riqueza y abundancia.

Amuleto mágico

Céntrate en esta carta cuando quieras reforzar los vínculos entre varias generaciones de tu clan familiar.

Símbolos clave

- ❖ Tres generaciones de una familia de la Academia Mandrágora (un viejo profesor mago, una joven pareja casada y el hijo de esta última), con sus perros, están reunidas apaciblemente.
- ❖ Hay diez pentáculos de plata superpuestos sobre la imagen, distribuidos en la forma del Árbol Cabalístico de la Vida.
- ❖ El viejo profesor viste una capa elegante, lo que denota riqueza, estatus social y seguridad.
- ❖ La joven pareja se encuentra bajo un arco, una construcción antigua que aún permanece en pie como una de las partes más resistentes y duraderas del edificio. La estructura sugiere permanencia y apoyo a su relación.
- ❖ En una lectura de tarot, el Diez de Pentáculos con frecuencia simboliza verse libre de preocupaciones económicas, tener prosperidad y estabilidad. También sugiere regalos, herencias y reuniones familiares.

Las Familias Reales

Las familias reales

Los arcanos menores no estarían completos sin una corte real. Las cartas de la corte del Tarot de los Magos representan a las criaturas elementales que gobiernan el mundo natural: las fieras salamandras, con apariencia de lagarto; las acuáticas ninfas, similares a la sirena; las aéreas sílfides, parecidas al hada, y los terrenales gnomos, semejantes al troll.

Cada palo de los arcanos menores tiene un conjunto de cuatro cartas de la corte, un paje, un caballero, una reina y un rey, que representan a una hija, un hijo, una madre y un padre. Las cartas en las que aparecen hombres son masculinas y activas, mientras que aquellas en las que aparecen mujeres son femeninas y receptivas.

Juntas, las cuatro familias reales están bien preparadas para reinar sobre los cuatro dominios del tarot: el fiero reino del espíritu, la esfera acuática de la emoción, el mundo aéreo del intelecto y el terreno de la existencia física.

LAS FAMILIAS REALES

Paje de Bastos
Mensajero del fuego

El miembro más joven de la familia de la salamandra es también el más apasionado. Se trata de una mensajera y estudiante del fuego, como puede verse por la antorcha encendida que lleva en la mano derecha y por el pergamino en la izquierda. A pesar de ser joven, tiene un alma vieja: mírala a los ojos y verás que, más que observarnos, parece atravesarnos con la mirada.

Como criatura elemental del fuego, se la representa en su reino del inframundo. Antiguamente se pensaba que las salamandras vivían en el fuego porque se las veía corretear por las hogueras y las chimeneas. En este caso aparece al fondo de un largo tramo de escalones de piedra. Un misterioso resplandor rojizo a lo lejos parece indicar un fuego que arde lentamente en otro lugar. Es la llameante entrada a su territorio subterráneo.

Lleva pulseras de cobre ondulando en la parte superior de los brazos y una blusa naranja sin tirantes que contrasta con el matiz verdoso de su piel. Su falda, que le deja al descubierto la zona abdominal, está sujeta con un cinturón verde, hecho del mismo tejido que el cordón que mantiene el pergamino enrollado. La cinta de bronce de su cabeza está adornado con cuerdas de cuarenta cuentas plateadas, una por cada carta numerada de los arcanos menores. La antorcha está fabricada en bronce antiguo. Conduce el calor, pero ella es una criatura del fuego y puede sostenerla por muy caliente que esté.

Caballero de Bastos
Héroe del Fuego

El Caballero de Bastos es un explorador de un territorio subterráneo que la mayoría nunca llegaremos a ver: la tierra del espíritu, enterrada en el mundo de la materia. Se trata de un mundo que se refleja en la estructura de un cristal. Se le ve rodeado de estalagmitas y estalactitas, depósitos minerales formados durante cientos de años. Permanece encaramado sobre un afloramiento de piedras brillantes que reflejan la luz oscilante de su antorcha encendida.

El Caballero de Bastos parece estar buscando algo. El objeto de su búsqueda podría ser un tesoro como el grial; tradicionalmente los caballeros emprendían una misión importante para probar su madurez y su habilidad. También podría tratarse de una misión de rescate. En cualquier caso, está persiguiendo su meta con una intensidad poco común. A este aventurero le consume la fogosidad de su pasión y su deseo.

Viste una túnica roja, botas fuertes y resistentes y muñequeras de latón amartillado, y está usando la antorcha como un bastón para caminar.

Reina de Bastos
Guardiana del Fuego

La Reina de Bastos es guardiana y protectora, nacida y educada para defender y preservar el reino del fuego.

Como criatura elemental, encarna todo el fuego y la pasión de los bastos. Tiene energía de sobra para quemar. Es hipnótica —como una hoguera encendida—, vigorosa y fuerte, voluntariosa y dinámica, confiada y segura de sí misma.

Su reino subterráneo es humeante y oscuro, pero ella ve claramente con la luz de su propio fuego interno. Está situada entre dos recipientes de hierro en los que arde su elemento, y no se inmuta por el calor y las pavesas que arrojan al aire.

Viste una túnica larga, como una sacerdotisa, sujeta en la parte superior con un disco de cobre, y está protegiendo el misterio del fuego. Tiene la cabeza adornada con mechones de chispas y llamas, y enmarcada por la esfera que hay tras ella, como si fuese un halo.

Rey de Bastos
Señor del Fuego

El Rey de Bastos es el soberano del fuego. Es enérgico y agresivo. De hecho, no dudará en emplear una «política de tierra quemada» si tiene que dejar algo claro. Comprende el poder purificador, catártico, del fuego y la renovación que inevitablemente trae consigo.

Se encuentra tras un brasero de hierro en el que arde el fuego; si quieres acercarte directamente a él, tendrás que pasar por las llamas. El escudo de cobre a su espalda, como un disco solar, alude a un sol que no vemos, pero aquí, en el reino subterráneo de las salamandras, refleja la luz de las pasiones y de los ideales más profundos.

Aunque el Rey de Bastos es el señor y soberano del fuego, ha adquirido experiencia también con los otros tres elementos. El mango de su antorcha tiene cuatro colores (verde, amarillo, azul y rojo), para simbolizar la tierra, el aire, el agua y el fuego.

Lleva una corona con siete rayos, uno por cada día de la semana. Sin embargo, bajo su túnica, es una criatura elemental del fuego que podría pasar con toda facilidad por un ser humano, ya que viste una camisa y unos pantalones normales y corrientes.

Paje de Copas
Mensajero del Agua

El miembro más joven de la familia de las ninfas es una mensajera y estudiante del agua, que habla el lenguaje del mar con fluidez. Se comunica a través del nebuloso mundo de los sueños y de las acuosas impresiones psíquicas. Sus mensajes pueden ser sutiles o bien rugir como el estruendoso romper de las olas, pero siempre son emotivos.

El Paje de Copas se representa en la superficie del mar, sobre un promontorio rocoso en el que golpean las olas verdes, y a lo lejos se alzan nubes de vapor de agua. El cielo está lleno de gaviotas que mandan y reciben mensajes. En su copa están inscritos los símbolos de los signos de agua (Cáncer, Escorpio y Piscis) y ella la mantiene alzada, como si la usara para alimentar a los mensajeros.

En la distancia se ve pasar a los barcos. Desempeñan un papel literal y simbólico en las cartas. Los barcos transportan gente e ideas, y son además recipientes de aprendizaje, juego y exploración. Posiblemente los marineros no reconozcan al Paje de Copas. Puede que ni siquiera la vean. En cualquier caso, no tiene miedo. Cuando se alza sobre las olas, se arriesga a que la reconozcan o la capturen, pero como mensajera su deber es permanecer accesible.

Tiene aletas y escamas opalescentes, como un pez. Está desnuda, otra expresión de su vulnerabilidad. Sus únicos adornos son las joyas que lleva alrededor de la cabeza, que simbolizan el intelecto, y los pendientes de concha, que aumentan su capacidad de escuchar. Vaya adonde vaya, puede oír el océano.

CABALLERO DE COPAS
HÉROE DEL AGUA

El Caballero de Copas es un romántico, un idealista sensible, un soñador y un artista. Es intuitivo y no le asusta bucear profundamente en el mundo de la emoción. Sería un gran partido para cualquier mujer, pero las ninfas, como los peces, pueden ser escurridizas.

Como todos los caballeros, este es también un explorador. Parece haber descubierto un tesoro bajo las aguas, un cáliz grabado con los signos de agua de Cáncer, Escorpio y Piscis. Además mantiene listo su tridente, lo que sugiere que probablemente domina el reino de los mares.

Los tres círculos de la cadena que lleva alrededor del cuello sugieren la unión del cuerpo, la mente y el espíritu, o el pasado, el presente y el futuro. Tiene las muñecas cubiertas con muñequeras de bronce para acentuar sus brazos musculosos. Lleva una protección en el centro de la frente, y sus cabellos flotan, como algas, en la suave corriente.

El Caballero de Copas nada en las aguas superficiales de un arrecife tropical, cerca de una formación de coral. Está rodeado de un gran número de peces tropicales de brillantes colores. Tanto el coral como los peces sugieren su conexión tácita con las otras criaturas de la tierra y el mar.

Reina de Copas
GUARDIANA DEL AGUA

La Reina de Copas es la guardiana elemental del agua. Tiene su corte en un continente sumergido en el que viejos artefactos y tesoros milenarios permanecen como testigos mudos de otro lugar y otra época. Se adorna con gemas y joyas, entre ellas pendientes de perlas en forma de luna que sugieren el flujo y reflujo de las mareas. Su tiara de tres puntas es del mismo estilo que el tridente de Neptuno.

Parece callada y discreta, pero está sentada sobre la talla de la cabeza de un guerrero que parece alarmado. Un ángel caído de mármol es su silenciosa dama de honor: ha perdido los dos brazos y un ala. Al fondo, cuatro columnas dóricas se alzan como centinelas. Tras la reina, un jardín de corales marinos en flor añade un toque de color al azul interminable del paisaje submarino.

Las reinas son el estereotipo de la feminidad, y esta puede ser la versión más idealizada de todas ellas. Es compasiva, creativa, receptiva, empática e intuitiva. Es una presencia constante en su reino submarino, y cuida y protege su territorio con paciencia y amor.

REY DE COPAS
SEÑOR DE LAS AGUAS

El Rey de Copas, como Neptuno, es el soberano de este reino submarino, y su tridente y su corona de tres puntas ponen de manifiesto su soberanía. Su barba blanca y sus cabellos canosos representan su sabiduría y su experiencia.

Los mares suben y bajan, siguiendo sus órdenes, y todos los animales marinos responden a su llamada. Puede levantar tormentas y huracanes, formar remolinos de confusión y alzar su tridente sobre la superficie e invocar a las fuerzas del aire y el fuego para que apacigüen las olas.

Las criaturas del mar le rodean todo el tiempo, como guardaespaldas y soldados. No le da miedo exhibir su autoridad: lleva aretes, medallones, muñequeras y un cinturón de bronce con un impresionante escudo.

Su cáliz de plata, el emblema de su reino, está grabado con inscripciones de los signos de agua de Cáncer, Escorpio y Piscis.

Paje de Espadas
Mensajero del aire

El miembro más joven de la familia de las sílfides es una contradicción viviente: la encarnación del aire. Podrá ser un ente físico pero no está sujeta a las reglas normales de la gravedad.

Tampoco la encontrarás en la tierra. El Paje de Espadas se sube a las ramas más altas del árbol, rodeada de mariposas. Permanece vigilante y alerta; tiene una vista aérea y nada puede escapar a sus ojos de águila.

Aunque los pajes son estudiantes y mensajeros, el de Espadas puede llevar su papel a un nivel superior. Casi parece un agente clandestino, una exploradora de reconocimiento o una espía. Es una agente de inteligencia perfecta para enviar a una misión de recogida de información.

El Paje de Espadas es asimismo un vívido recordatorio de que los pajaritos oyen, y de que los pensamientos (y las voces) pueden *viajar con un pensamiento o con una oración*.

Lleva plumas en el pelo, y sus propias alas coloridas caen como una capa tras ella. Su espada, el emblema de su palo, aparenta ser más pesada que el aire, pero aparentemente acarrea su peso sin problemas.

El Paje de Espadas puede parecer minúsculo e inofensivo, pero no te dejes engañar por su tamaño. Las criaturas elementales pueden adoptar cualquier forma o tamaño imaginables. A veces sus proporciones son cuestión de perspectiva. Cuando vislumbras al Paje de Espadas, puede parecerte pequeño (como un trasgo o un hada) o bien podría pasar por un ser humano.

Caballero de Espadas
Héroe del aire

El Caballero de Espadas tiene metas y aspiraciones elevadas, y las persigue en la enrarecida atmósfera de las nubes y el cielo. Actúa desde un nivel de elevación superior al de la mayoría de los elementales. Es una criatura migratoria, nunca se detiene demasiado tiempo en un mismo lugar, y siempre está preparando una expedición u otra. Es aventurero y no tiene miedo; no hay señales de suelo bajo sus pies. Tiene reacciones rápidas, es entusiasta, enérgico y valiente. Disfruta surcando la estratosfera de las ideas, la aventura y la imaginación.

Cuando el Caballero de Espadas rompe los hoscos lazos que le atan a la tierra, parece levantar el vuelo con una bandada de pájaros. Tiene los brazos extendidos, la espada en una mano y una pierna ligeramente alzada, como si estuviera listo para entrar en la batalla.

Sus plumas aladas son verdes y doradas, en un drástico contraste con los tonos pardos terrosos de su uniforme. La luminosidad de la gema es un signo de su verdadera naturaleza, y sugiere que seguirá volando alrededor del mundo incluso después de que su cometido haya concluido.

El Caballero de Espadas viste botas altas, una suave túnica de piel, muñequeras de plata amartilladas, una hebilla, una cinta y un collar. Además lleva una espada de doble filo. Como Excalibur, es un símbolo de su continua misión y búsqueda de la verdad y la justicia.

Reina de Espadas
Guardiana del Aire

La Reina de Espadas parece tan ligera y etérea como su elemento. Tiene facciones delicadas, huesos pequeños y una minúscula cintura de avispa. Físicamente es la menos imponente de las criaturas elementales, pero la espada que mece como si fuera un bebé pone las cosas en su sitio y nos indica que esta criatura del aire puede flotar como una mariposa y picar como una abeja.

La Reina de Espadas está siempre alerta. Ya la han herido antes, y ahora (más triste pero más sabia) puede ver a lo lejos cuándo va a surgir un problema. Es capaz incluso de sentirlo cuando es solo un susurro en la brisa, y se encuentra en una posición única para cortarlo de raíz. Tiene una inteligencia aguda. Puede ser encantadora y graciosa, pero también despiadada cuando se trata de desmontar argumentos de poca fuerza y medidas contraproducentes. Aunque no es una guerrera, como el caballero o el rey, ejerce su poder entre bastidores, convenciendo (o engatusando) a los demás para que adopten su punto de vista. Tiene chispa y es mordaz. Es lo bastante inteligente para conocer la diferencia entre razón y emoción, y es capaz de proteger y defender su elemento correctamente y con prudencia.

La Reina de Espadas rige sus dominios desde un pequeño banco de piedra en un jardín de madreselvas. No siente la necesidad de adornarse en exceso, probablemente porque sus alas tornasoladas son más impresionantes que cualquier joya. Lleva una corona tejida con hilo de telarañas, un colgante sencillo y un comedido traje largo sin mangas.

Rey de Espadas
Señor del Aire

El Rey de Espadas, el soberano del aire, es protector, proveedor, y líder veterano y experimentado. Hace años que finalizó la misión y la búsqueda que había emprendido como caballero. Ahora es un diestro dirigente, que confía en la sabiduría que adquirió por el camino.

Se le representa al atardecer, lo que simboliza su edad y su experiencia. Puede controlar el viento, mandar un ejército de criaturas aladas y escuchar los mensajes que, en susurros, transporta la brisa.

Tras él, una bandada de águilas surca los cielos. Las águilas son aves de presa, pero también simbolizan visión y liderazgo. El Rey de Espadas es una figura imponente. Viste un manto real púrpura adornado con dragones alados, junto con una capa púrpura tornasolada. Sus alas son de un rojo vivo. Tiene el pelo largo, plateado, una perilla cuidadosamente arreglada, y lleva una larga espada. Es claramente autoritario, asertivo y despierto. Puede llegar a ser agresivo. Protege su reino con pasión y fuerza, y no le da miedo tomar decisiones arbitrarias. Está dispuesto a defender su territorio y a administrar justicia según sus normas.

Paje de Pentáculos
Mensajero de la Tierra

Puede que el miembro más joven de la familia de los gnomos no se corresponda precisamente con nuestro estándar idealizado de belleza, pero así es como lo concibió su creador. Esta criatura encarna en sí misma la propia naturaleza de la tierra. Es pesada y está cerca del suelo. Es sólida, estable y segura. Se mueve con lentitud, pero con una fuerza innegable.

Como todos los pajes de la baraja del Tarot de los Magos, es mensajera y estudiante. Sin embargo, al contrario que la mayoría de los estudiantes, puede cuidarse por sí misma. Tiene su propio dinero para viajar: un pentáculo tallado en granito. Es una piedra de toque que la conecta con las realidades de la existencia mundana. Además, lleva una bolsa de viaje, al igual que La Iniciada.

El entorno del Paje de Pentáculos le ha enseñado a confiar en sí misma. Vive en el norte invernal, donde la nieve permanece en la tierra durante varios meses seguidos. En los climas más fríos, incluso los niños sienten un saludable respeto por la naturaleza, y pocos se atreven a aventurarse en los elementos sin prepararse ni protegerse adecuadamente. Sus brazos pueden estar desnudos, pero lleva una capa de piel de venado a la espalda y botas hasta la altura de los muslos. Están hechas de piel suave de venado y atadas con tiras. Vistiendo su atuendo protector, puede atravesar ilesa el sotobosque de la existencia física, abriéndose camino a través de zarzas y abrojos sin pensárselo dos veces.

Además lleva un bastón de caminante. Es una vara sencilla y resistente, arrancada de un árbol, pero le ha tallado una punta para darle la apariencia de un tótem de ciervo astado.

Caballero de Pentáculos
Héroe de la Tierra

Todos los caballeros son exploradores, pero el Caballero de Pentáculos explora el mundo a un ritmo más lento que la mayoría. Es una criatura elemental de la tierra, y esta no se mueve por sí misma. Normalmente es preciso un terremoto o una avalancha para que un ser tan enraizado supere las fuerzas de la gravedad y la inercia que le atan a su trozo favorito de tierra.

El Caballero de Pentáculos también tiene una vena estudiosa e intelectual que parece haberle impulsado a un viaje de autodescubrimiento. Lenta, pero firmemente, ha alcanzado la cumbre de un pico cubierto de nieve de una cordillera.

El terreno rocoso y desigual representa la esencia de la existencia física. Las montañas son sólidas, ásperas e implacables. Han nacido de lava volcánica o surgido del magma del centro de la Tierra. Una vez que se han establecido, se convierten en hitos inamovibles, inalterables, que pueden verse incluso desde el espacio.

El Caballero de Pentáculos va vestido igual que los demás gnomos. Lleva una capa de piel de venado, muñequeras de piel de oso y un pentáculo de granito. Sin embargo, sus suaves botas de piel lo distinguen. Están más gastadas que las de los otros elementales: ha viajado más lejos, ya que una vez que un trozo de tierra empieza a moverse, se convierte en una fuerza casi imposible de detener.

La vara toscamente forjada es, más que un bastón, un garrote. Raramente tiene que usarla, porque pocos serían tan inconscientes para interponerse entre el caballero y el objetivo que este tenga en mente.

Tiene las orejas puntiagudas, y las manos y la cara rojas y en carne viva por el frío. El aire es fino en la cima de la montaña, pero a él no parece importarle su incomodidad física. Una vez que el Caballero de Pentáculos se lanza a una misión, la cumplirá, sin importar el tiempo que tarde.

REINA DE PENTÁCULOS
GUARDIANA DE LA TIERRA

La Reina de Pentáculos es una mujer paciente e inflexible. Como criatura elemental de la tierra, el transcurso del tiempo no le produce una sensación de urgencia, y no siente presión para adaptarse. Se ha plantado firmemente en un trono de granito y ahí es donde florecerá.

Se siente cómoda tanto en su cuerpo y existencia física como en su elemento. Es baja y rechoncha, como los otros gnomos. Su figura compacta y muscular preserva su calor corporal en las invernales tierras del norte de los pentáculos. Está envuelta en un lujo primitivo de la cabeza a los pies. Su corona de astas es una necesidad básica: simboliza su conexión con la vida salvaje. Lleva una piel de oveja sobre los hombros, una túnica roja de ante y unas botas de piel de ciervo con lazos rojos de ante.

Es reflexiva y contemplativa. Ser paciente e inamovible le da tiempo para pensar. Su barbilla se apoya sobre una mano mientras reflexiona profundamente sobre algo.

La Reina de Pentáculos es la guardiana de la tierra, y entiende la importancia de salvaguardar y proteger el mundo físico para las futuras generaciones. Aun así, no cree en teorías sin fundamento ni en el ecologismo fanático. Sabe que la Tierra tiene más recursos de lo que la mayoría podemos imaginar y que el planeta sobrevivirá a su población.

Rey de Pentáculos
Señor de la tierra

El Rey de Pentáculos es el soberano de la tierra, dueño y señor de todo lo que ven sus ojos. Está sentado al filo de una grieta del terreno, rodeado de pinos cubiertos de nieve y de yermos robles invernales.

No es un hombre particularmente atractivo. De hecho, tiene un aspecto envejecido y macilento. Sus rasgos rojizos son toscos, y la fuerza de la gravedad ha ajado su rostro. Ahora parece hosco y malhumorado; sus responsabilidades no le dejan pensar en alegrías ni en frivolidades.

Puede ser vulgar y burdo, pero también es leal y sincero. Es práctico y paciente, serio y estable, responsable y fiable. Sus pies pisan firmemente la tierra, y está comprometido en cuerpo, mente y espíritu con su causa.

Lleva una capa de piel de ciervo, un manto de piel de oveja y botas altas. Su corona de astas es regia, pero indudablemente rústica. Su trono es un peñasco toscamente labrado y su cetro, una rama aserrada.

El Rey de Bastos apenas habla, y aunque sus pensamientos se mueven con lentitud, son poderosos y le rodean en el paisaje invernal como la turbulenta neblina del tiempo. No te dejes engañar por su apariencia tranquila. Puede que tarde en enfadarse, pero cuando finalmente lo hace, se convierte en una fuerza furiosa e imparable. En ese momento removerá cielo y tierra para proteger su reino y enderezar los asuntos de su mundo.

Bibliografía

Andrews, Ted. *Crystal Balls and Crystal Bowls: Tools for Ancient Scrying and Modern Seership.* Woodbury, Minnesota: Llewellyn Worldwide, 2002.

Bowes, Susan. *Notions and Potions: A Safe, Practical Guide to Creating Magic & Miracles.* Nueva York: Sterling Publishing Co., Inc., 1997.

Buckland, Raymond. *Buckland's Complete Book of Witchcraft.* St. Paul, Minnesota: Llewellyn Worldwide, 2002.

Buckland, Raymond. *Practical Candleburning Rituals.* St. Paul, Minnesota: Llewellyn Worldwide, 1997.

Clement, Stephanie Jean. *Meditation for Beginners: Techniques for Awareness, Mindfulness and Relaxation.* Woodbury, Minnesota: Llewellyn Worldwide, 2002.

DuQuette, Lon Milo. *Tarot of Ceremonial Magic: A companion text to the deck published by U.S. Games Systems, Inc.* York Beach, Maine: Samuel Weiser, Inc., 1995.

Gallagher, Anne-Marie. *The Wicca Bible.* Nueva York: Sterling Publishing Co., Inc., 2005.

Gerwick-Brodeur, Madeline y Lisa Lenard. *The Complete Idiot's Guide to Astrology.* Nueva York: Alpha Books, 1997.

Grimassi, Raven. *The Witch's Familiar.* St. Paul, Minnesota: Llewellyn Worldwide, 2003.

Hewitt, William W. *Psychic Development for Beginners: An Easy Guide to Developing and Releasing Your Psychic Abilities.* Woodbury, Minnesota: Llewellyn Worldwide, 1996.

Kenner, Corrine. *Crystals for Beginners: A Guide to Collecting and Using Stones and Crystals.* Woodbury, Minnesota: Llewellyn Worldwide, 2006.

Knight, Sirona. *The Witch and Wizard Training Guide.* Nueva York: Kensington Publishing Corp., 2001.

Kynes, Sandra. *Whispers from the Woods: The Lore and Magic of Trees.* Woodbury, Minnesota: Llewellyn Worldwide, 2006.

Ogiluy, Guy. *The Alchemist's Kitchen: Extraordinary Potions & Curious Notions.* Nueva York: Walker and Company, 2006.

Paulson, Kathryn. *Witches Potions and Spells.* Mount Vernon, Nueva York: Peter Pauper Press, 1971.

Peschel, Lisa. *A Practical Guide to the Runes: Their Uses in Divination and Magic.* Woodbury, Minnesota: Llewellyn Worldwide, 1989.

Renée, Janina. *Tarot Spells.* St. Paul, Minnesota: Llewellyn Worldwide, 2000.

Tyson, Donald. *Scrying For Beginners.* Woodbury, Minnesota: Llewellyn Worldwide, 1997.

Webster, Richard. *Astral Travel for Beginners: Transcend Time and Space with Out-of-Body Experiences.* Woodbury, Minnesota: Llewellyn Worldwide, 2002.

Webster, Richard. *Pendulum Magic for Beginners: Tap Into Your Inner Wisdom.* Woodbury, Minnesota: Llewellyn Worldwide, 2002.

Wirth, Oswald. *Tarot of the Magicians: A Guide to the Symbolism and Application of the Wirth Tarot Deck.* San Francisco: Sam Weiser, 1990.

Wood, Gail. *Rituals of the Dark Moon: 13 Lunar Rites for a Magical Path.* St. Paul, Minnesota: Llewellyn Worldwide, 2004.

Worth, Valerie. *The Crone's Book of Words.* St. Paul, Minnesota: Llewellyn Worldwide, 1986.

SOBRE LOS CREADORES

La baraja del Tarot de los Magos fue una colaboración entre dos. La autora Corrine Kenner creó el concepto y escogió los símbolos para las cartas. El ilustrador John Blumen dio vida a las ideas de Corrine, y también puso algo de su propia magia.

LA AUTORA

Corrine Kenner está especializada en acercar al público los temas metafísicos. Es maestra de tarot certificada y autora de muchos libros, entre ellos *Tarot for Writers, Simple Fortunetelling with Tarot Cards, The Maát Tarot Workbook, Tarot Journaling, Tall Dark Stranger: Tarot for Love and Romance* y *The Epicurean Tarot*.

Corrine ha vivido en Brasil y en Los Ángeles, donde se licenció en Filosofía en la Universidad Estatal de California. Ahora vive en Minneapolis, Minnesota, con su marido y sus hijas. Lee profesionalmente el tarot e imparte clases y talleres, tanto en persona como *online*. Para más información, visita su página web en corrinekenner.com.

El ilustrador

John Blumen tiene un portafolio ecléctico que va desde el diseño industrial hasta los libros infantiles. Su carrera en el área de la publicidad y las editoriales comenzó en los años setenta, y sus ilustraciones reflejan su maestría en el mundo multifacético de la ilustración y el diseño. Sus imágenes han aparecido en las portadas de libros publicados por el Grupo Penguin, Llewellyn Worldwide y Harcourt Publishing. Su trabajo también aparece en las colecciones de arte fantástico *Spectrum, Fantasy Art Now, Apphrodisia: The Art of the Female Form* y *Erotic Fantasy Art*.

John vive en Pittsburgh, Pensilvania. Para más información, visita su página web en johnblumenillustration.com.

ÍNDICE

Introducción 5
Los Arcanos Mayores 7
Los Arcanos Menores 137
Las Familias Reales 229
Bibliografía 265
Sobre los creadores 267